Marcel Brätz

Entwicklung eines Schätzverfahrens zur Bestimmung robuster Referenzwerte auf geringer Datenbasis unbekannter Güte - am Beispiel von Ergebnissen aus Programmen zur energetischen Bilanzierung von Gebäuden

Marcel Brätz

Entwicklung eines Schätzverfahrens zur Bestimmung robuster Referenzwerte auf geringer Datenbasis unbekannter Güte - am Beispiel von Ergebnissen aus Programmen zur energetischen Bilanzierung von Gebäuden

Wismarer Schriften zu Management und Recht, Band 42

www.wismarer-schriften.de

Brätz, Marcel

Entwicklung eines Schätzverfahrens zur Bestimmung robuster
Referenzwerte auf geringer Datenbasis unbekannter Güte -
am Beispiel von Ergebnissen aus Programmen zur
energetischen Bilanzierung von Gebäuden

Wismarer Schriften zu Management und Recht
Band 42

Herausgegeben von:
Prof. Dr. Jost W. Kramer
Prof. Dr. Karl Wolfhart Nitsch
Prof. Dr. Gunnar Prause
Prof. Dr. Andreas von Schubert
Prof. Dr. Andreas Weigand
Prof. Dr. Joachim Winkler

1. Auflage 2010 | ISBN: 978-3-941482-79-1

© Europäischer Hochschulverlag GmbH & Co. KG, Bremen, 2010.
Alle Rechte vorbehalten.

Inhaltsverzeichnis

Abbildungsverzeichnis 10

Tabellenverzeichnis 12

Vorwort 13

1. **Einleitung** 14
   - 1.1. Thema und Einordnung 14
   - 1.2. Überblick über den Inhalt dieser Master-Thesis 17

2. **Aufgabenstellung und Rahmen** 19
   - 2.1. Aufgabenstellung des Forschungsprojekts 19
     - 2.1.1. Schwerpunkte aus dem Forschungsauftrag 19
     - 2.1.2. Test-Art 21
   - 2.2. Verfügbare Daten 22
     - 2.2.1. Berechnungsvorschriften und Daten des Testfalls 22
     - 2.2.2. Bewertung anhand im Anwendungsfall ermittelbarer Daten 23
   - 2.3. Methode 24
     - 2.3.1. Abgrenzung 24
     - 2.3.2. Qualitätssicherung 25
     - 2.3.3. Ziel 26
   - 2.4. Testmodul 26
     - 2.4.1. Definition 26
     - 2.4.2. Bestandteile 28
     - 2.4.3. Umsetzungsgrad 28
       - 2.4.3.1. Herleitung 28
       - 2.4.3.2. Datenerhebung 30
       - 2.4.3.3. Zusammenfassung 33
     - 2.4.4. Berechnungsgenauigkeit 34

	2.4.4.1.	Herleitung	34
	2.4.4.2.	Erweiterung der Bewertungsbasis	35
	2.4.4.3.	Bewertung anhand von Nähe zu Erwartungswert	37
	2.4.4.4.	Abstrahierung der Bewertung	39
	2.4.4.5.	Zusammenfassung	42

2.4.5. Gesamtbewertung ... 43
2.5. Problematische Aspekte ... 45
   2.5.1. Systematische Abhängigkeiten ... 46
   2.5.2. Sehr kleine Stichproben ... 48
   2.5.3. Freiheitsgrade ... 48
      2.5.3.1. Spielräume für Interpretationen ... 48
      2.5.3.2. Schätzung der Anzahl der Freiheitsgrade ... 49
   2.5.4. Notwendige Genauigkeit der Erwartungswerte ... 53

3. Statistische Untersuchungen ... 57
   3.1. Stichproben ... 57
      3.1.1. Abgrenzung ... 57
      3.1.2. Vorbetrachtungen ... 58
      3.1.3. Sehr grober Verteilungstest ... 59
   3.2. Normalverteilung ... 61
      3.2.1. Allgemeines ... 61
      3.2.2. Test auf Normalverteilung ... 62
   3.3. Mittelwert und Konfidenzintervall ... 66
      3.3.1. Formulierung des Standard-Fehlers ... 66
      3.3.2. Überführung in die Standard-Normalverteilung ... 67
      3.3.3. Abgrenzungsquantile für die Irrtumswahrscheinlichkeit . 67
      3.3.4. Student-Verteilung für kleine Stichproben ... 69
   3.4. Vergleich Kernel- vs. Nicht-Kernel-Programme ... 71

- 3.4.1. Randbedingungen 71
- 3.4.2. Annahmen 72
- 3.4.3. Hilfsmittel 73
- 3.4.4. Vergleich 74
- 3.5. Ausreißereliminierung 77
  - 3.5.1. Winsorisiertes Mittel 77
  - 3.5.2. Varianten des winsorisierten Mittels 78
  - 3.5.3. Tschebytscheffs Theorem 80
  - 3.5.4. Ausreißertest nach Dean und Dean-Dixon 80
  - 3.5.5. Empirischer Ausreißertest 81
- 3.6. Berechnung des Schätzfehlers und Stichprobengröße 83
  - 3.6.1. Schätzfehler 83
  - 3.6.2. Stichprobengröße 83

4. Fuzzy-Ansatz 85
- 4.1. Motivation und Zielstellung 85
  - 4.1.1. Ausgangssituation und Zusammenfassen der Erkenntnisse aus der statistischen Voruntersuchung 85
  - 4.1.2. Notwendige Randbedingungen 87
- 4.2. Ansatz 87
  - 4.2.1. Funktionsweise eines Fuzzy-Ansatzes (Grundlagen-Exkurs) 88
  - 4.2.2. Übertragen der vagen Zuordnung auf das Erwartungswertproblem 90
  - 4.2.3. Definition eines Abbruchkriteriums für die Iteration 96
- 4.3. Validierung der Schätzwerte 100
- 4.4. Diskussion 103
  - 4.4.1. Grundsätzlich problematische Aspekte 103
  - 4.4.2. Berechnung der Genauigkeit der Schätzung 104
  - 4.4.3. Robustheit der Schätzwerte 105

5.	**Fazit**	**109**
	5.1. Ausgangssituation	110
	5.2. Ergebnisse der statistischen Voruntersuchung	111
	5.3. Entwicklung eines robusten Schätzverfahrens	111
	5.4. Leistung des Schätzers	112
6.	**Erweiterungsansätze**	**114**
7.	**Testwerkzeuge**	**117**
	7.1. Microsoft Excel-Tools (Excel 2007)	117
	7.1.1. Q-Q-Plot-Tool	117
	7.1.2. Konfidenzintervall-Berechnungstool	118
	7.1.3. Fuzzy-Schätzer-Tool	119
	7.1.4. Simulation Falschbewertungen	120
	7.2. Webanwendung für verteiltes Testen	121
Literaturverzeichnis		**123**
Anhang		**125**

Abbildungsverzeichnis

Abbildung 2.1.: Reales repräsentatives Nichtwohngebäude: Reihenmittelhaus mit gewerblicher Nutzung im Untergeschoss (IAI09) 24

Abbildung 2.2.: Übersicht über den Workflow des Testmoduls 27

Abbildung 2.3.: Prüf-Werkzeug: Fragebogen 31

Abbildung 2.4.: Bewertung anhand von Genauigkeitskorridoren ... 41

Abbildung 2.5.: Gegenüberstellung der Qualitätskriterien 45

Abbildung 2.6.: Freiheitsgrade schematisch dargestellt 52

Abbildung 2.7.: Simulationsergebnis für die Aussage zur notwendigen Genauigkeit 55

Abbildung 3.1.: Klassenpopulationen der Stichprobe für Durchgang 2 Variante 1 60

Abbildung 3.2.: Q-Q-Plots für $vorh.Q_P$ mit Dichte-Quantil-Plot 64

Abbildung 3.3.: Q-Q-Plots für vorh.HT mit Dichte-Quantil-Plot 65

Abbildung 3.4.: Darstellung Konfidenzintervall 68

Abbildung 3.5.: Konfidenzintervall für den Mittelwert von $vorh.Q_P$ 71

Abbildung 3.6.: Vergleich der Verteilungen für Kernel(9)/ Nichtkernel(6)/Alle(15) der Werte für $vorh.Q_P$ 75

Abbildung 3.7.: Vergleich der Verteilungen für Kernel(5)/ Nichtkernel(3)/Alle(8) der Werte für $vorh.Q_P$, gestutzt um 40% 76

Abbildung 3.8.: Ausreißertest nach Dean (Testgröße Q) 81

Abbildung 3.9.: Lokale Dichte am Beispiel der Stichprobe für $vorh.Q_P$ in einem Dichte-Quantil-Plot 82

Abbildung 4.1.:	Einfaches Beispiel Fuzzy/Zuordnung Körpergröße	89
Abbildung 4.2.:	Geordnete Stichprobe $vorh.Q_P$ aus Variante 1	90
Abbildung 4.3.:	Sukzessive Klassenzahl-Erhöhung und Bestimmung der Anzahl der Werte in der jeweiligen Klasse	92
Abbildung 4.4.:	Klassenzuordnung über Zugehörigkeitsfunktionen	94
Abbildung 4.5.:	Iterationsschema anhand von $vorh.Q_P$ mit $n=100$ Iterationsschritten	95
Abbildung 4.6.:	Q-Q-Plot der Schätzwerte für $vorh.Q_P$	96
Abbildung 4.7.:	Fuzzy-Genauigkeit gemäß Tabelle 4.1	99
Abbildung 4.8.:	Fuzzy-Schätzung der Parameter (a-j) aus Variante 1	107
Abbildung 5.1.:	Vergleich der Konfidenzintervalle von Stichprobe mit Ausreißer (rot), ohne Ausreißer (grün) und Fuzzy-Schätzer (schwarz) mit steigender Genauigkeit	113
Abbildung 6.1.:	Iteration und Auswahl des vermutlichen Erwartungswertes	115
Abbildung 7.1.:	Q-Q-Plot-Tool	118
Abbildung 7.2.:	Konfidenzintervall-Tool	118
Abbildung 7.3.:	Fuzzy-Schätztool	120
Abbildung 7.4.:	Monte-Carlo-Simulation Falschbewertungen	121

Tabellenverzeichnis

Tabelle 1.1.:	Geschichte der EnEV	16
Tabelle 3.1.:	Lagemaße $vorh.Q_P$	74
Tabelle 4.1.:	Genauigkeit der Schätzung des Mittelwertes in Abhängigkeit von der Anzahl der Iterationsschritte k	98
Tabelle 4.2.:	Berechnungen für Durchgang 2 Variante 1, mit $\alpha = 5\%$	102

Vorwort

In seiner Masterarbeit beschäftigt sich Herr Marcel Brätz mit einem anspruchsvollen Thema. Es geht um die Bewertung von Programmen, die die Energieeffizienz von Gebäuden analysieren. Hintergrund sind rechtliche Vorgaben hinsichtlich des Energieverhaltens von Gebäuden.

Die Korrektheit eines Programms kann man nur sehr selten absolut gewährleisten. Man muss sich also auf Tests beschränken, muss diese aber so anlegen, dass man mit großer Wahrscheinlichkeit die Korrektheit des Programms garantieren kann.

Ein zweites Problem ist hierbei, dass man leider nur in Spezialfällen sagen kann, welche Werte die Korrekten sind. Dies macht es natürlich noch komplizierter zu sagen, welche Software sich korrekt verhält und welche nicht.

Man kommt also zum Einen nicht umhin, Tests durchzuführen. Zum Zweiten muss man ein Bewertungsverfahren entwickeln, welches uns die Resultate als korrekt, weniger korrekt oder inkorrekt bewertet. Herr Brätz hat hierfür ein Testszenario entwickelt, welches mit dieser Unschärfe umgehen kann.

Seine Arbeit bewegt sich in den Bereichen Statistik, Data Mining, Künstliche Intelligenz und formale Methoden. Er benutzt geschickt die verschiedenen Techniken und verbindet diese. Diese Arbeit ist eine für einen Wirtschaftsinformatiker typische Aufgabe. Das Lösen einer komplexen, praktischen Aufgabe, die die Kompetenz des Autors in sehr unterschiedlichen Bereichen erfordert. Mit seiner Masterarbeit hat Herr Brätz eben diese Eigenschaften vortrefflich nachgewiesen.

Wismar, April 2010

Jürgen Cleve

1. Einleitung

1.1. Thema und Einordnung

Die vorliegende Master-Thesis setzt sich mit der Problematik auseinander, dass bei kleinen Stichproben nur unsichere Werte für Lageparameter, wie Mittelwert und Standardabweichung, ermittelt werden können. Dabei spielt eine Rolle, ob die Stichprobe repräsentativ für die ihr zu Grunde liegende Gesamtheit aller möglichen Ausprägungen des untersuchten Sachverhaltes ist. Es gilt daher, mindestens einen Weg zu finden, Lageparameter aus der vorliegenden Datenmenge abzuleiten und dann Aussagen zur Sicherheit der Ergebnisse zu treffen. Gegebenenfalls sind Wege zu finden, die Schätzung des Mittelwerts zu verbessern.

Die Aufgabenstellung dieser Master-Thesis ist Teil eines Forschungsprojektes, welches im Rahmen des Bundesforschungsprogramms Zukunft Bau ausgeschrieben wurde. Das Institut für angewandte Informatik im Bauwesen e.V. (IAIB) gewann 2007 die Ausschreibung um das Forschungsprojekt unter dem Aktenzeichen 10.08.17.7-07.21 mit dem Titel Qualitätsprüfung für Energieausweis-Software. Der Forschungsbeginn wurde zum 1. Oktober 2007 angesetzt. Auftraggeber sind das Bundesministerium für Verkehr, Bauwesen und Stadtentwicklung (BmVBS)[1] in Berlin und das Bundesamt für Bauwesen und Raumentwicklung (BBR)[2] in Bonn.

Die im Forschungsprojekt zu testende Software implementiert die durch die Energieeinsparverordnung 2007 (EnEV 2007) vorgeschriebenen Verfahren zur energetischen Bilanzierung von Gebäuden. Die

---

[1] Homepage des Bundesministeriums für Verkehr, Bau und Stadtsanierung, http://www.bmvbs.de/.
[2] Homepage des Bundesamts für Bauwesen und Raumentwicklung, http://www.bbr.bund.de/.

EnEV 2007 greift dabei auf eine Reihe von DINs zurück, z.B. DIN V 4701-10[3], DIN V 4108-6[4] oder DIN V 18599[5], welche die jeweils geltenden Rechenverfahren für Wohngebäude und Nichtwohngebäude beschreiben. Die EnEV 2007 ist dabei der rechtlich verbindliche Bestandteil der Berechnungsverfahren zur Energieausweiserstellung.

Die EnEV 2007 ist Bestandteil der Klimapolitik Deutschlands und der EU. Alle europäischen Mitgliedstaaten stehen vor ähnlichen Herausforderungen und Deutschland nimmt in der Umsetzung der entsprechenden EU-Richtlinie eine Vorreiterrolle ein. Die der EnEV 2007 zu Grunde liegende DIN V 18599 stellt die umfangreichste Umsetzung der EU-Politik zu diesem Thema dar und somit nimmt Deutschland eine Vorreiterrolle ein.

Die Tabelle 1.1 gibt einen kurzen Überblick über die historische Entwicklung der EnEV.

Im IAIB e. V. in Wismar wurde das Forschungsprojekt durch Dipl.-Ing. Heiko Winkler geleitet. Dieser übernahm die inhaltliche Planung, den fachlichen Entwurf des Testszenarios und leitete die Projektdurchführung. Im Rahmen des Tests wurden bis zu fünf Tester beschäftigt, welche die ausgewählten Softwareprodukte nach den vorgegebenen Richtlinien testeten. Das Projekt beinhaltet im Kern einen Softwaretest. Daher wurde die technische Planung dem Autor übertragen. Dazu gehörten der Entwurf der Testumgebung[6] und der Entwurf des Bewertungsschemas, die statistische Analyse der erfassten Daten sowie

---

3   Energetische Bewertung heiz- und raumlufttechnischer Anlagen – Teil 10: Heizung, Trinkwassererwärmung, Lüftung.
4   Wärmeschutz und Energieeinsparung in Gebäuden – Teil 6: Berechnung des Jahresheizwärme- und des Jahresheizenergiebedarfs.
5   Energetische Bewertung von Gebäuden – Berechung des Nutz-, End- und Primärenergiebedarfs für Heizung, Kühlung, Lüftung, Trinkwarmwasser und Beleuchtung.
6   Dies umfasste den Entwurf der verwendeten virtuellen Testrechner basierend auf VM-Ware und die gesamte Testinfrastruktur.

wertungsschemas, die statistische Analyse der erfassten Daten sowie die Planung und Erstellung eines Werkzeugs zur Erleichterung späterer Tests nach demselben Muster.[7]

Tabelle 1.1.: **Geschichte der EnEV**

Datum	Ereignis
Nov. 2004	Novelle der EnEV am 18.11.2004 (EnEV 2004). Es wurden Verfahrensvereinfachungen vorgenommen sowie die Rechtssicherheit und -klarheit bei Anwendung der EnEV erhöht. Schwerpunkt: Anpassung an den verbesserten Stand der Technik.
Jan. 2002	Die Energieeinsparverordnung 2002 (EnEV 2002) tritt in Kraft und löst damit die geltende Wärmeschutzverordnung sowie die geltende Heizungsanlagenverordnung ab.
Jan. 2003	Die Richtlinie über die Gesamtenergieeffizienz von Gebäuden tritt in Kraft. Die sog. EU-Gebäuderichtlinie (EU-Richtlinie 2002/91/EG über die Gesamtenergieeffizienz von Gebäuden) verpflichtet alle Mitgliedstaaten zum 04.01.2006 einen Energiepass für Gebäude einzuführen.
Nov. 2003	Start des Feldversuchs der dena für Wohngebäude. Die dena hat in 2002 und 2003 einen Energiepass für Gebäude entwickelt. Der Energiepass wird in 33 Regionen im Feldversuch getestet.
Dez. 2004	Abschluss des Feldversuchs der dena für Wohngebäude
Jan. 2005	Start der dena Marktvorbereitungskampagne zum Energiepass
Herbst 2005	Start des Feldversuchs der dena für Nichtwohngebäude. Für 38 Nichtwohngebäude unterschiedlichster Nutzung wurden Energieausweise ausgestellt.
Dez. 2005	Abschluss des Feldversuchs der dena für Nichtwohngebäude
Nov. 2006	Vorlage des Referentenentwurfs zur neuen Energieeinsparverordnung (EnEV 2007)

---

[7] Dieses Prüfwerkzeug wird später nur noch als Prüftool oder Webanwendung für verteiltest Testen bezeichnet (siehe Abschnitt 7.2).

25.04.2007	Verabschiedung des Kabinettsbeschlusses zur EnEV 2007 im Bundeskabinett
08.06.2007	Bundesrat stimmt Kabinettsbeschluss mit Maßgaben zu
27.06.2007	Bundeskabinett stimmt Maßgaben zu und beschließt die EnEV 2007
01.10.2007	EnEV 2007 tritt in Kraft
01.07.2008	Energieausweise für Wohngebäude mit Baujahr bis 1965 bei Neubau. Verkauf und Neuvermietung erforderlich
01.01.2009	Energieausweise für Wohngebäude aller Baujahre bei Neubau, Verkauf und Neuvermietung erforderlich
01.07.2009	Energieausweise für Nichtwohngebäude erforderlich
01.10.2009	Zukünftig: Novelle der gültigen Energieeinsparverordnung (EnEV 2009). Das Anforderungsniveau an die energetische Qualität von Bestand und Neubau soll verschärft werden.

Quelle: Den09.

Die relevanten Ergebnisse des Forschungsprojektes wurden im Projektbericht (IAI09) und in verschiedenen Fachzeitschriften (FWB09b; FWB09a) veröffentlicht und sind gleichzeitig Bestandteil der Dissertation von Heiko Winkler (Win10). Die Abgrenzung erfolgt dahingehend, dass der Autor speziell mit den mathematisch-statistischen Fragestellungen betraut war und fachlich dem Projektleiter zuarbeitete.

Wenn nachfolgend in dieser Arbeit vom Forschungsprojekt die Rede ist, wird Bezug auf das Forschungsprojekt Qualitätsprüfung der Energieausweissoftware genommen.

1.2. Überblick über den Inhalt dieser Master-Thesis

Diese Arbeit wird zunächst einen kurzen Überblick über den relevanten Teil des Forschungsprojekts geben, um eine Einordnung der Aufgabenstellung insbesondere vor dem Hintergrund des Bewertungsverfahrens des Forschungsprojektes zu ermöglichen. Danach werden einige statistische Grundlagen zur Problemstellung erörtert. Dann wird ausgehend von den vorliegenden Daten ein Ansatz für das Thema dieser Master-Thesis konstruiert, der sich aus den vorliegenden Daten und den Qualitätsanforderungen aus dem Forschungsprojekt ableitet. Zum Schluss wird versucht, die Ergebnisse zu validieren.

Mit dem praktischen Bezug der Thematik berührt die vorliegende Arbeit die Fachgebiete Statistik, Data-Mining, künstliche Intelligenz, formale Methoden und generell eine ingenieurmäßige Herangehensweise zur Problemlösung. Im Blickpunkt der Arbeit stehen nicht die mathematische Grundlagen, sondern primär die Diskussion um den Ansatz.

Um die Arbeit abzurunden, wird zusätzlich zum Fazit und Ausblick eine Diskussion der Ergebnisse der Arbeit vorgenommen.

2. Aufgabenstellung und Rahmen

In diesem Kapitel wird kurz der Gegenstand des Forschungsprojektes dargelegt. Im Zuge dieser Ausführungen wird das Bewertungsverfahren des Forschungsprojekts umrissen und die Aufgabenstellung für diese Master-Thesis abgeleitet. Das Bewertungsverfahren wurde von Heiko Winkler und dem Autor entworfen, ist dabei aber selbst nicht Gegenstand dieser Arbeit. Das Bewertungsschema hat allerdings einen Einfluss auf die Randbedingungen und Leistungsanforderungen des zu entwickelnden Schätzverfahrens für die Erwartungswerte zur Bewertung der Rechengenauigkeit der zu testenden Software (siehe Abschnitt 2.4.4). Die Ausführungen dieses Kapitels dienen dazu, den Kontext für den Kern dieser Master-Thesis zu umreißen.

Während der Arbeit am Forschungsprojekt hat der Autor maßgeblich am strategischen Testentwurf und der Bewertung der Softwareprodukte mitgewirkt. Die analytischen Bewertungen sind Leistungen, die im Rahmen dieser Master-Thesis erbracht wurden. Die Beiträge zum Projekt sind in den Veröffentlichungen zum Forschungsprojekt wiedergegeben worden (vgl. IAI09; FWB09b; FWB09a).

2.1. Aufgabenstellung des Forschungsprojekts

2.1.1. Schwerpunkte aus dem Forschungsauftrag

Der Schwerpunkt des Forschungsprojektes lag in der Erarbeitung von Methoden der Qualitätsprüfung und Qualitätssicherung für Software zur Erstellung von Energieausweisen nach der neuen Energieeinsparverordnung. Es sollten Testmodule erstellt werden, mit denen Softwareprodukte auf dem Markt getestet werden können. Da nur eine kleine Anzahl der Softwareprodukte für den Softwaretest im Forschungsprojekt verfügbar war, sollte diese Auswahl als Basis für die Entwicklung der Testmethode dienen und gegebenenfalls später er-

erscheinende Produkte mit dieser Methodik auf Gebrauchstauglichkeit geprüft werden. Die Kernpunkte der Untersuchung waren die Prüfung der vorhandenen Produkte auf Normkonformität, Bedienbarkeit und Plausibilität der Berechnungen.

„Normkonformität, Bedienbarkeit und Plausibilität" ist eine Formulierung aus dem Forschungsauftrag. *Normkonformität* bezieht sich hierbei auf die korrekte Implementierung der Anforderungen der EnEV 2007 und der relevanten DINs an die implementierten Berechnungen. Der Begriff *Plausibilität* bezieht sich auf die Korrektheit der Ergebnisse der Berechnungen nach Norm und Plausibilitätsprüfungen während der Arbeit mit dem jeweiligen Programm.

Die Bewertung der Bedienbarkeit wurde im Laufe des Forschungsprojektes ausgeklammert. Der Grund hierfür sind die fundamental unterschiedlichen Ansätze für Aufbau und Bedienungskonzepte der einzelnen Softwareprodukte. Während einige Produkte vollständig auf die grafische Eingabe über eine CAD-Schnittstelle setzen und kaum Einblick in die Berechnungen möglich ist, arbeitet man mit anderen in einem „Arbeitsblatt", welches je nach Eingabe dynamisch erweitert wird. Dabei ist die gesamte Berechnung auf einem einzigen Arbeitsblatt einsehbar. Wieder andere Software-Hersteller setzen auf Dialogbasierte Bedienung, wodurch der Anwender bei diesen für jede Eingabe durch eine Serie von Dialogen geführt wird. Nach eingehender Diskussion wurde daher ausgehend von der Forderung des Auftraggebers beschlossen, die Prüfung anhand „relevanter Qualitätsmerkmale" vorzunehmen (Win10). Diese sind der *Grad der Umsetzung*[8] und die *Güte der Umsetzung*[9] der Rechenvorschrift[10] durch die zu testende Software.

---

8   Grad der Umsetzung = Normkonformität.
9   Güte der Umsetzung = Rechengenauigkeit und Plausibilität der Ergebnisse.
10   Rechenvorschrift = EnEV 2007 und DIN V 18599.

2.1.2. Test-Art

Durch den Auftraggeber wurde explizit ein Anwendertest gefordert. Ein Anwendertest lässt sich kurz durch folgenden einfachen Workflow zusammenfassen (vgl. Ehr02, S.88f):

1. Software installieren,
2. Werte eingeben,
3. Berechnung durchführen,
4. Ergebnisse evaluieren.

Vergleicht man diese Anforderung mit der Tabelle zu Blackbox-Test-Typen in (Ehr02, S.88) zeigt sich, dass ein Anwendertest dort als Black-Box-Test eingeordnet wird. Unter den in der Tabelle beschrieben Black-Box-Test-Typen kommen vier für den hier geforderten Testfall in Frage.

Der *Test-Typ 15* sieht vor, alle explizit spezifizierten Anforderungen der Rechenvorschrift zu testen. Es handelt sich also um einen Test auf vollständige Umsetzung. Mit dieser Test-Art findet man potentiell alle Fehler der Implementierung. Dies ist auf Grund der beschränkten Mittel und der begrenzten Zeit nicht möglich.

Der *Test-Typ 18* sieht vor, dass die Programme anhand repräsentativer Testfälle geprüft werden. Diese Test-Art findet potenziell alle Fehler, da die Anwendung des Programms als Ganzes notwendig wird und alle häufig genutzten Funktionen und deren Zusammenspiel getestet wird.

Der *Test-Typ 24* sieht vor, dass die Abgrenzungen im Eingabebereich geprüft werden. Dabei wird geprüft, ob für alle Berechnungen und Dialoge sinnvolle Eingaben im erlaubten Werte- oder Datenbereich gemacht werden.

Der *Test-Typ 26* sieht vor, dass die Genauigkeit der numerischen Rechnung in allen relevanten Berechnungen geprüft wird.

Für den Softwaretest des Forschungsprojektes wurde ein Test-Szenario mit einem typischen realen Anwendungsfall erstellt. Dieser war vollständig dokumentiert und können von jedem Tester in die Software eingegeben werden. Das getestete Programm muss dabei das Test-Szenario in allen vorgesehenen Varianten abbilden.[11] Das entspricht dem *Test-Typ 18*.

Die Bewertung der Software erfolgt ausschließlich anhand von Daten, die dem Anwender zugänglich sind. Das sind vor allem die Eingaben und Ergebnisse der Berechnungen. Dabei handelt es sich um die Spezifikationen aus Test-Typ 24 und 26.

Der Softwaretest erfolgt demnach anhand einer Kombination aus den *Test-Typen 18, 24 und 26* nach (vgl. Ehr02, S.88f).

2.2. *Verfügbare Daten*

2.2.1. Berechnungsvorschriften und Daten des Testfalls

Dem Test-Szenario liegt mit einem Reihenmittelhaus am Doberaner Platz in Rostock mit gewerblicher Nutzung im Untergeschoss und Büros in den oberen Etagen, ein reales repräsentatives Nichtwohngebäude zu Grunde. Dieses wurde in einer Voruntersuchung zum Forschungsprojekt von Herr Winkler anhand von statistischen Gebäudedaten aus ganz Deutschland als geeignetes Testgebäude identifiziert (IAI09; Win10).

---

[11] Das Gebäude wurde nicht variiert. Die Varianten beziehen sich auf unterschiedliche Haustechnikvarianten des Gebäudes. Dies ist dem Fokus der DIN V 18599 auf Haustechnik geschuldet und berücksichtigt, dass die Berechnung der Gebäudehülle vergleichsweise unproblematisch ist.

Für das Testgebäude (siehe Abbildung 2.1) wurden mehrere Haustechnik-Varianten mit jeweils unterschiedlichen Schwerpunkten erstellt. Die einzelnen Varianten orientieren sich dabei an den besonderen Anforderungen für die Haustechnik laut DIN V 18599 (IAI09; Win10).

Alle Daten des Gebäudes wurden für den Test auf über 130 Seiten ausführlich beschrieben und für das Forschungsprojekt als Testfall bereitgestellt.

Ferner wurden vollständige aktuelle Fassungen der EnEV 2007 (Bun07) und der DIN V 18599 (DIN07) verwendet.

2.2.2. Bewertung anhand im Anwendungsfall ermittelbarer Daten

Durch Berechnen der Gesamtenergieeffizienz des Testgebäudes mit den jeweiligen Softwareprodukten wird die Grundlage für die Bewertung der Vollständigkeit der Umsetzung und der Güte der Implementierung geschaffen. Es zeigt sich, dass es nicht ausreicht, das jeweilige Programm zu starten und die Dialoge zu inspizieren. Erst die Eingabe macht bestimmte Dialoge sichtbar und erlaubt die Validierung bestimmter Eingaben.

Somit muss das gesamte Testgebäude mit den Möglichkeiten der jeweiligen Software abgebildet werden. Dann muss die Software die Daten liefern, anhand derer es bewertet wird. Dabei wird die Güte der Software anhand der Fähigkeit abgeprüft, das Gebäude korrekt abzubilden und mit den korrekten Berechnungsverfahren durchzurechnen (siehe Abschnitt 2.4.3).

Abbildung 2.1.: Reales repräsentatives Nichtwohngebäude: Reihenmittelhaus mit gewerblicher Nutzung im Untergeschoss (IAI09)

Quelle: Autor.

Die Rechengenauigkeit wird anhand der Werte bestimmt, die das jeweilige Programm liefert. Diese werden mit den Erwartungswerten verglichen, die aus der Menge der Ergebnisse aller Programme ermittelt werden.

2.3. Methode

2.3.1. Abgrenzung

Basierend auf der gewählten Test-Art (Abschnitt 2.1.2) und den deshalb zur Verfügung stehenden Daten (Abschnitt 2.2.1) eignet sich als Testobjekt ein realer aber hinreichend dokumentierter Anwendungsfall. Es ist sinnvoll, ein real existierendes Gebäude zu verwenden, da es sich um einen Anwendertest handelt. Das jeweils zu testende Pro-

Programm muss sich somit im Rahmen des Tests einem Standard-Anwendungsfall stellen.

Der Projektleiter entschied sich dagegen, akademische Sonderformen für die Gebäudehüllen zu testen, da diese seit Jahren auf die gleiche Art berechnet werden und auf diesem Gebiet keine Überraschungen zu erwarten seien. Darüber hinaus entwickeln alle Softwarehersteller, deren Software getestet wird, seit vielen Jahren Software auf diesem Gebiet. Die DIN V 18599 nimmt in diesem Bereich keine Neuerungen vor, sondern setzt einen besonderen Fokus im Bereich Haustechnik.

Es wurde keine Bewertung der Benutzerschnittstelle[12] vorgenommen. Die Konzepte der Software sind zu verschieden und die Vorlieben der Nutzer sind ebenso unterschiedlich. Diese Feststellung stammt aus einer Befragung der Teilnehmer der Fachfortbildung zur Energieausweiserstellung nach DIN V 18599. Dort ist es den Teilnehmern gestattet, eine eigene Software für den Beleg zu nutzen.

2.3.2. Qualitätssicherung

Das wichtigste Mittel für die Qualitätskontrolle beim Softwaretest sind Protokolle, die während des jeweiligen Testlaufs erstellt werden. Das sind zum Beispiel Fehlerprotokolle, in denen die Fehler, die bei der Bearbeitung auftreten, dokumentiert werden. Des Weiteren gibt es das Bearbeitungsprotokoll, welches dokumentiert, wie bei der Einarbeitung des Test-Szenarios vorgegangen wurde. Hier wird auch dokumentiert, ob das Szenario korrekt und exakt übernommen wurde oder ob es notwendig ist, mit ähnlichen Anlagen-Kombinationen zu arbeiten. Dies führt zu Fehlern bei der Berechnung, ist allerdings übliche Praxis.[13] Die meisten Eingabe-Merkmale und Abbildungsoptionen der

---

[12] Benutzerschnittstelle = Programmoberfläche.
[13] Dies wurde von Herrn Winkler bei der Einweisung der als gängige Ingenieurmäßige Praxis beschrieben.

jeweiligen Software können ebenfalls aus dem Bearbeitungsprotokoll entnommen werden.

Um eine möglichst gute Abbildung des Testgebäudes mit möglichst wenigen Eingabefehlern seitens der Tester zu gewährleisten, wurden die Eingaben in Gruppenarbeit nach dem "Vier-Augen-Prinzip" abgeglichen.[14] Abweichungen der Eingaben von der Vorgabe mussten dann entweder korrigiert oder begründet werden.

2.3.3. Ziel

Ziel des Forschungsprojektes war Prüfung und Bewertung der verfügbaren Energieausweis-Software anhand definierter Qualitätsmerkmale. Als Qualitätsmerkmale wurden der *Grad der Umsetzung* der Rechenvorschrift und die *Genauigkeit der Berechnung* herausgearbeitet.

Es ist zu vermuten, dass eine Abhängigkeit zwischen Umsetzungsgrad der Rechenvorschrift und Genauigkeit der Berechnung existiert. Weiterhin wäre zu untersuchen, ob die Freiheiten, welche die Rechenvorschrift hinsichtlich der Berechnung gewährt, zu Ungenauigkeiten führen, die dadurch zumindest qualitativ nachweisbar sind. Letztes ist ein Nebenresultat, das eventuell aus den Testdaten abgeleitet werden kann.

Es ist ein Testmodul zu entwickeln, welches diese Qualitätsmerkmale prüft.

2.4. *Testmodul*

2.4.1. Definition

Der Forschungsauftrag forderte die Erstellung eines oder mehrerer Testmodule zur Prüfung der Qualität der auf dem Markt befindlichen

---

14   Wechselseitiges Kontrollieren.

Energieausweissoftware. Durch den Auftraggeber wurde nicht näher spezifiziert, was ein Testmodul im Sinne des Forschungsprojektes ist. Daher wurde die Definition des Testmoduls aus der Zielstellung und den Randbedingungen des Forschungsprojekts abgeleitet.

Testmodul (im Sinne des Forschungsprojektes): Ein Testmodul ist der Workflow zum Testen von Implementierungen einer Berechnungsvorschrift anhand eines typischen realitätsnahen Testszenarios (Win10).

Abbildung 2.2.: Übersicht über den Workflow des Testmoduls

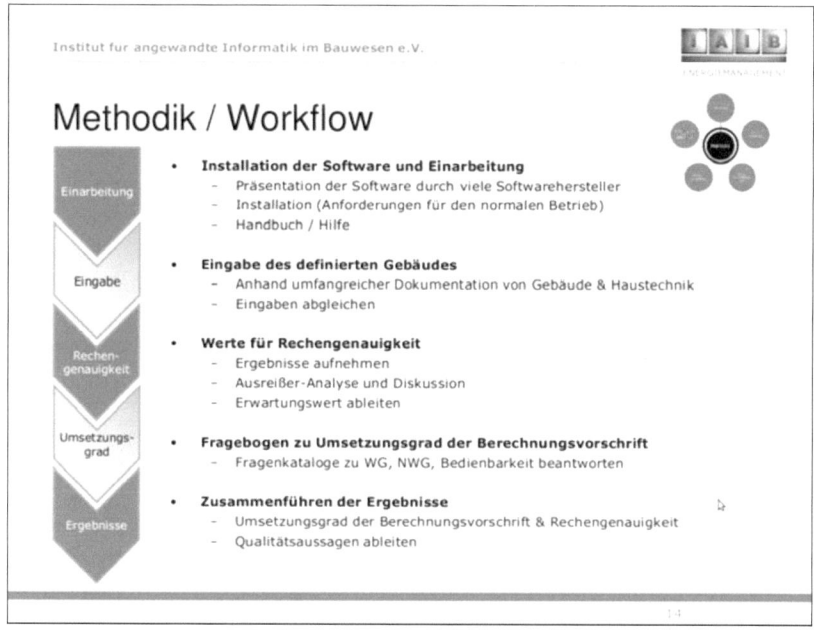

Quelle: (Präsentation IAI09, S.14).

Das Testmodul wird durch den Workflow in Abbildung 2.2 beschrieben und durch Hilfswerkzeuge[15] und Referenzdaten[16] komplettiert.

---

[15] Das sind z.B. der Fragebogen und das Prüftool, welche im Zuge der Tests verwendet wurden.

2.4.2. Bestandteile

Das Testmodul besteht aus folgenden Teilen:

- Einem gut dokumentierten Szenario, das umgesetzt bzw. eingegeben wird (vgl. Abbildung 2.1),
- einem Bewertungsschema zur Gegenüberstellung von Umsetzungsgrad und Rechengenauigkeit (siehe auch Abschnitt 2.1.2) (Ehr02, S.88):
  - Bewertung von Funktionalität/Umsetzungsgrad (Typ 24),
  - Bewertung von Leistung/Rechengenauigkeit (Typ 26)
- und einer Sammlung von Erwartungswerten als Referenzdatensatz für die Bewertung.

2.4.3. Umsetzungsgrad

2.4.3.1. Herleitung

Der Umsetzungsgrad ist ein Ausdruck für die Menge der durch Herrn Winkler im Rahmen des Forschungsprojektes definierten Kriterien, welche durch EnEV 2007 und DIN V 18599 gefordert werden. Die Kriterien wurden aus der EnEV 2007 und der DIN V 18599 abgeleitet und in Form von Fragen, mit Quellenangabe zum Nachschlagen, in einem Fragenkatalog gesammelt (siehe Abbildung 2.3).

In der Norm sind einige Aspekte häufiger und ausführlicher als andere behandelt. Dies resultiert aus dem Schwerpunkt Haustechnik, den die DIN V 18599 setzt. Viele Aspekte lassen sich zusammenfassen, wodurch sich die Menge aller behandelten Aspekte auf eine Menge von abzufragenden Kriterien qualitativ zusammenfassen lässt.

---

[16] Das sind die Erwartungswerte für die Bestimmung der Rechengenauigkeit.

Bei der Formulierung der Umsetzungskriterien wurde festgestellt, dass einige Aspekte zwingend für eine erfolgreiche und hinreichend plausible Nachweisführung erfüllt sein müssen und somit Schlüsselkriterien sind. Die Erfüllung dieser Schlüsselkriterien sichert dabei die Gebrauchstauglichkeit der Software. Hinreichend plausibel bedeutet hierbei, dass bestimmte Haustechnik nicht immer exakt abgebildet werden muss. Allerdings müssen die wesentlichen Merkmale der entsprechend „alternativ" verwendeten Anlage hinreichend ähnlich sein.

Diese Auswahl liegt in jedem Fall im Ermessen des Anwenders und ist laut Herrn Winkler gängige ingenieurmäßige Praxis und wurde im Rahmen des Tests (in Grenzen) ebenfalls erlaubt.

An vielen Stellen erlaubt die Norm Varianten und Vereinfachungen bei der Berechnung oder Erfassung bestimmter Charakteristiken der zu beurteilenden Gebäude. Diese wurden als Komfortkriterien erfasst und werden im Rahmen des Fragenkatalogs ebenfalls abgefragt. Diese Komfortkriterien müssen für eine erfolgreiche Erstellung des Energieausweises nach EnEV 2007 und DIN V 18599 nicht erfüllt werden.

Dass nicht alle Softwarehersteller die vollständige Norm inklusive der möglichen Alternativen umsetzen, zeigte sich in der letztendlichen Bewertung (siehe Tabellen A.7 (alle Kriterien), A.8 (nur Schlüsselkriterien)). Während der Score und damit der *Grad der Umsetzung* der Kriterien der Norm bei der Gesamtheit aller Fragen stark variiert, rücken die Bewertungen der Programme bezüglich der Schlüsselkriterien stärker zusammen und sind gleichzeitig höher.

Es ist zu beachten, das im Testszenario nicht alle möglichen Schlüsselkriterien begrenzend zum Einsatz kommen. Nur wenn ein Programm die minimal notwendigen Schlüsselkriterien umsetzt, kann überhaupt eine sinnvolle Berechnung durchgeführt werden.

2.4.3.2. Datenerhebung

Die Erhebung der Daten für den Umsetzungsgrad erfolgt über eine Befragung des Testers. Die Fragen werden positivistisch gestellt. Wird eine Frage positiv beantwortet signalisiert dies qualitativ, dass das geforderte Merkmal erfüllt ist. Um zu vermeiden, dass es Missverständnisse bei der Beantwortung der Fragen gibt oder falsche Antworten gegeben werden, wurden die Fragen in Interviewform erhoben, so dass der Tester zu jedem Sachverhalt befragt wurde und die Beantwortung durch den Interviewer vorgenommen wurde.

Mögliche Antworten für alle Fragen sind:

- *Positiv* (*Ja* == erfüllt. *Teilweise* == erfüllt (teilweise korrekt bzw. Auswahl optional)),
- *Negativ* (*Nein* == nicht erfüllt),
- *Unbestimmt* (*Keine Angabe* == Kriterium ist nicht prüfbar).

Die Antwort-Option *Teilweise* wurde nach einigen Diskussionen als positive Antwort eingeordnet. Der Hintergrund hierfür ist, dass in vielen Fällen diese Antwort gegeben wurde, weil das geforderte Merkmal zwar umgesetzt, aber beispielsweise nicht, wie in der EnEV gefordert, die Option der DIN V 18599 als Pflicht überschreibt. Da es sich bei der zu bewertenden Software um Programme in der Entwicklung handelt und viele der gefundenen Fehler tendenziell schnell von den Softwareherstellern korrigiert wurden, wurde eine *Teilweise*-Antwort als *positiv* aufgefasst und wird auch der Unsicherheit der Tester beim Bewerten gerecht, die eher pessimistisch bewerteten. Die Option *Teilweise* wurde ursprünglich vorgesehen um zu vermeiden, dass die Tester entweder *Nein* oder *keine Angabe* als Antwort geben, wenn eine klare Antwort nicht möglich war.

Abbildung 2.3.: Prüf-Werkzeug: Fragebogen

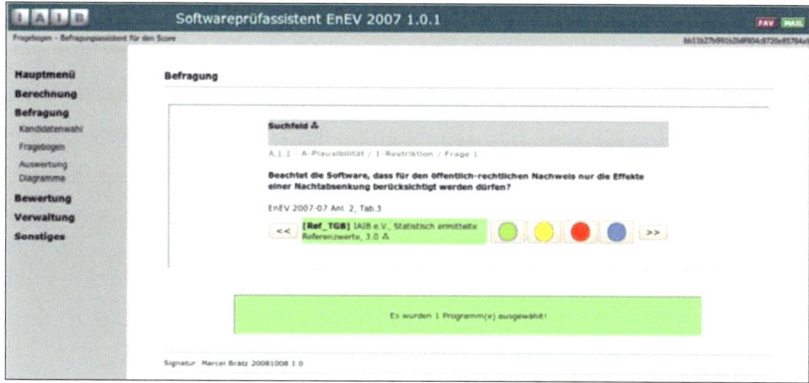

Quelle: Autor.

Die Antworten wurden zur optischen Unterstützung nach dem Ampelprinzip farbig kodiert: *„Ja"* wird mit „Grün", *„Teilweise"* wird mit „Gelb", *„Nein"* wird mit „Rot" und, zusätzlich, *„Keine Angabe"* mit „Blau" kodiert (siehe Abbildung 2.3).

Damit die Befragung aller Tester zur gleichen Zeit erfolgen konnte, kam das vom Autor entwickelte Prüftool zum Einsatz, um die Daten zu erfassen und die entsprechende Auswertung vorzunehmen. So kann der Interviewer mehre Tester gleichzeitig befragen. Da die Beantwortung der Fragen häufig eine Suche in Programmen beinhaltet und eine Diskussion nach sich zieht kann auf diese Weise Zeit gespart werden. Die nicht an der Diskussion beteiligten Tester können bereits die Daten für ihre Antworten heraussuchen und die Diskussion findet so in den meisten Fällen nur einmal stattfindet.

Die Bewertung des Umsetzungsgrades gestaltet sich schwierig. Maßgeblich für die Gebrauchstauglichkeit ist, dass eine Berechnung durchgeführt werden kann, die ihrerseits möglichst genau sein muss. Das Verhältnis von positiv beantworteten Fragen zu allen Fragen

$$UScore = 100 \times \left(\frac{\sum Fragen(ja, tw)}{\sum Fragen(ja, tw, nein, kA)} \right) \qquad (2.1)$$

scheint daher nicht ausreichend zu sein. Diese Aussage kann nur getroffen werden, wenn die dafür notwendigen Informationen eingesehen werden können. Die Transparenz ist daher eine entscheidende Größe, die in die Bewertung eine Rolle spielen sollte. Als Transparenz bezüglich des Umsetzungsgrades wurde im Forschungsprojekt der Anteil der beantworteten Fragen bezeichnet. Sie bezieht sich auf den Anteil der beantwortbaren Fragen und fließt in der Bewertung als zusätzlicher Faktor in Formel 2.2 ein.

$$UScore = 100 \times \left(\frac{\sum Fragen(ja, tw)}{\sum Fragen(ja, tw, nein, kA)} \right) \times \left(\frac{\sum Fragen(ja, tw, nein)}{\sum Fragen(ja, tw, nein, kA)} \right) \qquad (2.2)$$

Formt man diese Gleichung um, ergibt sich die nachfolgende Gleichung:

$$UScore = 100 \times \left(\frac{Fragen(ja, tw, nein)}{Fragen(ja, tw, nein, kA)} \right)^2 \times \left(\frac{Fragen(ja, tw)}{Fragen(ja, tw, nein)} \right) \qquad (2.3)$$

Diese berechnet exakt das gleiche Ergebnis, wie die Gleichung 2.2. In dieser Form zeigt sich allerdings, dass der Faktor $\frac{\sum Fragen(ja, tw, nein)}{\sum Fragen(ja, tw, nein, kA)}$ zweimal in das Produkt einfließt, also quadratisch in die Bewertung eingeht.

Es wurde im Rahmen der Bearbeitung des Forschungsprojektes diskutiert, ob diese doppelte Bestrafung der fehlenden Transparenz sinnvoll ist, denn die quadratisch einfließende Transparenz hat mindestens zwei Konsequenzen.

Zum einen werden Programme aufgrund fehlender Transparenz stark von Programmen mit ansonsten gleicher Bewertung, aber mehr verfügbaren Werten abgesetzt. Da aufgrund fehlender Transparenz keine vollständige Untersuchung der Programme erfolgt, werden die Programme auf diese Weise pessimistisch bewertet. Dies rührt daher, dass so für eine möglicherweise falsche Bewertung aufgrund fehlender Informationen kompensiert würde.

Zum anderen fließt so ein, dass ein anderes Szenario möglicherweise nicht berechnet werden kann. Die Aussage kann ebenfalls aufgrund fehlender Informationen nicht getroffen werden und wird so entsprechend bestraft.

2.4.3.3. Zusammenfassung

Der Vorteil dieser Bewertungsweise ist, dass so die Gesamtheit der Berechnungsvorschrift bei der Bewertung abgebildet wird. Schwerpunkte, welche durch die Normung vorgegeben sind, können ebenso abgebildet werden. Wenn die Norm bestimmte Spezialkonfigurationen beschreibt, die in der Praxis nicht vorkommen, in der jetzigen Form oder in späteren Novellen behandelt werden, können diese entsprechend gruppiert als Einzelfrage und als Schlüssel- oder Komfortkriterium formuliert werden.

Auf diese Weise ist die Bewertung hoch skalierbar. Der Fragenkatalog kann beliebig erweitert oder zusammengestrichen werden und trotzdem funktioniert die Bewertung in gleicher Weise. Vor dem Hintergrund der aktuellen Brisanz der Energiepolitik der EU und der Bundesregierung steht in den nächsten Jahren eine Reihe von Novellen an, welche zu neuen Bewertungskriterien führen, die so nur als Überarbeitung des jetzigen Fragenkatalogs eingearbeitet zu werden brauchen.

Nachteilig wirkt sich aus, dass der Fragenkatalog sehr umfangreich ist. Dies ist notwendig, um eine möglichst genaue Bewertung zu gewährleisten. Allerdings erfordert die Abarbeitung des umfangreichen Fragenkatalogs den Einsatz eines Interviewers. Die Diskussion innerhalb der Testergruppe wirkte sich sehr positiv auf die Qualität der

Antworten aus, weil die Fragen von allen Testern so auf die gleiche Weise verstanden wurden.

Im Rahmen des Forschungsprojektes wurden für verschiedene Themenbereiche Fragenkataloge zusammengestellt:

- Fragen WG (ca. 110), davon Schlüsselfragen WG (ca. 80),
- Fragen NWG (ca. 140), Schlüsselfragen NWG (ca. 105),
- Fragen Bedienbarkeit (ca. 75), Schlüsselfragen (ca. 10).

Aufgrund der Struktur der Score-Funktion (Gleichung 2.3) können alle Kataloge oder Auszüge zur Bewertung herangezogen werden. Für die Bewertung der Gebrauchstauglichkeit der Softwareprodukte wurde, wie oben bereits angedeutet, lediglich der Katalog Schlüsselfragen NWG[17] verwendet. Analog wurde für den Bereich Wohngebäude der Katalog Schlüsselfragen WG[18] verwendet.

2.4.4. Berechnungsgenauigkeit

2.4.4.1. Herleitung

Für die Bestimmung der Rechengenauigkeit wird ein definiertes Szenario als spezifischer Anwendungsfall eingegeben. Bei der Eingabe und bei eventuell auswählbaren Berechnungsoptionen werden klare Konventionen bezüglich der Verwendung von Vereinfachungen getroffen.

So wurde vorgegeben, dass Computerberechnungen, wenn die Möglichkeit gegeben war, immer exakt, also mit höchster Genauigkeit gerechnet werden müssen. Aufgrund des ausführlich dokumentierten Testgebäudes gab es keine Notwendigkeit, auf eine mögliche Genauig-

---

[17] Fragenkatalog mit Fragen für Nichtwohngebäude gemäß EnEV 2007 und DIN V 18599.
[18] Fragenkatalog mit Fragen für Wohngebäude gemäß EnEV 2007, DIN V 4108-6 und DIN V 4701-10.

keit zu verzichten, um die Programme auf höchste Genauigkeit zu prüfen.

Die Eingabegenauigkeit ist durch das Testszenario vorgegeben und muss während und nach der Eingabe durch einen Abgleich mit der Vorlage geprüft werden. Sind mehrere Eingaben z.B. mit erlaubten Vereinfachungen, die ihrerseits in der Norm beschrieben sind, möglich, so liegt es in der Sorgfaltspflicht des jeweiligen Testers, das genaueste Verfahren zu wählen.

Vorgabe war auch hier jeweils das sogenannte ausführliche Verfahren.

Laut Herrn Winkler ist die Verwendung von Vereinfachungen und vereinfachten Verfahren immer mit zusätzlichen Sicherheiten verbunden und bedeutet somit die Einführung eines systematischen Fehlers, der durch den Verzicht auf diese Vereinfachungen vermieden oder zumindest minimiert werden kann.

2.4.4.2. Erweiterung der Bewertungsbasis

Ursprünglich war vorgesehen, die Bewertung der Genauigkeit anhand der Daten vorzunehmen, die letztendlich im Energieausweis stehen. Allerdings sind das lediglich 2 Größen und jeweils die dazugehörige Referenzgröße:

- Vorhandener Primärenergiebedarf $vorh.Q_P$ des eingegebenen Gebäudes,
- vorhandener Wärmetransmissionskoeffizient $vorh.H'_T$ des eingegebenen Gebäudes,

- dazu jeweils noch der zulässige Wert des dazugehörigen Referenzgebäudes.[19]

Um Fehler in Berechnungen aufzuspüren, waren dies zu wenige Werte. Aus diesem Grund entschied Herr Winkler im Forschungsprojekt, dass weitere Werte für die Beurteilung der Rechengenauigkeit herangezogen werden müssen. So wurden aus der Berechnung für das Gebäude eine Reihe von Zwischenergebnissen, z.B. Zonen-Energiebedarf ($Q_{a,b}$), Verhältnis von konditionierte Fläche zu konditioniertem Volumen ($^A/_{V_e}$) und diverse Quellen und Senken von Wärme- und Energieströmen im Testgebäude für die einzelnen vorgesehenen Testvarianten, ausgewählt. Allerdings stellte sich schnell heraus, dass die meisten Softwareprodukte einige Werte, insbesondere Quellen und Senken, nicht zur Verfügung stellten. Aus diesem Grund wurde eine Auswahl von 47 Kennwerten über alle Haustechnik-Varianten des Testgebäudes ermittelt, welche alle Programme anbieten (siehe Tabellen A.1-A.6).

Diese Erweiterung der Datenbasis für die Bewertung der Rechengenauigkeit ergab sich aus der Verwendung des extern entwickelten Rechenkerns zur DIN V 18599. Alle Softwarehersteller nahmen für sich und ihre Programmierung „höchste Genauigkeit" in Anspruch oder machen gar keine Angaben.[20]

Der Grund für die Existenz des Rechenkerns des Fraunhofer Instituts für Bauphysik (IBP) zur DIN V 18599 ist die Notwendigkeit, das energetische Gleichgewicht des Gebäudes in Form des Wertes für den Gesamtgebäude-Energiebedarf $vorh.Q_P$ durch eine Reihe von Iterationen

---

19 Das Referenzgebäude hat eine vereinfachte Geometrie und standardisierte Bauteile. Das tatsächliche Gebäude muss in beiden Größen besser abschneiden.
20 z.B. Qualitätsgarantie Heilmann-Software,
    http://www.heilmannsoftware.de/index.php?id=111.

Iterationen zu berechnen. Dieser Algorithmus ist aufgrund der umfangreichen Eingabeparameter, welche das zu berechnende Gebäude beschreiben, sehr komplex. Eine ganze Reihe von Softwareherstellern hat deshalb die existierende Implementierung des IBP in Anspruch genommen und den Rechenkern als Teil ihrer Produkte verwendet.

Es kann vermutet werden, dass Produkte, die den Rechenkern verwenden, auf dieselben Ergebnisse kommen. Die aufgenommen Ergebnisse zeigen allerdings, dass dies nicht so ist (siehe Tabellen A.1-A.6). Viele der zusätzlich aufgenommen Werte sind Zwischenergebnisse, die vor der Iteration berechnet werden. Abweichungen, die hier aufgenommen werden, erlauben Rückschlüsse auf spezielle Fehler bei der Berechnung, insbesondere durch die verschiedenen Haustechnikvarianten, die jeweils unterschiedliche Teile der zu Grunde liegenden Norm berücksichtigen, wie zum Beispiel Kühlung und den Einsatz regenerativer Energien.

2.4.4.3. Bewertung anhand von Nähe zu Erwartungswert

Da die Berechnung anhand eines definierten Anwendungsfalls erfolgt, ist der naheliegende Ansatz, die Genauigkeit der Berechnung aller aufgenommenen Parameter anhand des Abstands zu einem Zielwert zu bestimmen.

Beim Testgebäude handelt es sich um einen realen Anwendungsfall, für den es bislang keine Zielwerte gab, auf die zurückgegriffen werden kann. Man kann zwar das Gebäude anhand der Norm durchrechnen, ist aber aufgrund der Zeit- und Geldbeschränkungen auf den Einsatz einer Software angewiesen. Da diese vorher auf die zu untersuchenden Merkmale getestet werden müsste, um Aussagen zur Genauigkeit der Berechnung der Erwartungswerte zu machen, stellt dies ein grundlegendes Dilemma dar.

Um dennoch Werte für die Bewertung der Rechengenauigkeit zu haben, müssen Erwartungswerte ermittelt werden, die den Platz der nicht verfügbaren Zielwerte einnehmen können. Mit statistischen Mitteln kann man Erwartungswerte ermitteln und diese zur Bewertung heranziehen. Da die Stichproben zur Ermittlung der Erwartungswerte – mit zunächst 5 und später 15 Programmen – sehr klein sind, ist es zwar möglich, Mittelwerte zu ermitteln, und auch – innerhalb gewisser Grenzen – Aussagen zur Breite des dazugehörigen Konfidenzintervalls zu machen. Allerdings sind Aussagen zur Streuung bzw. Standardabweichung der zu Grunde liegenden Grundgesamtheit aller möglichen Berechnungen des Testgebäudes mit verschiedenen Implementierungen nur mit sehr großer Unsicherheit möglich. Die entsprechenden statistischen Untersuchungen werden im Kapitel 3 diskutiert.

Da jede Berechnung verschiedene systematische Fehler der Eingangsgrößen in sich weiterträgt, kann das Ergebnis stark variieren. Dieser kumulierte systematische Fehler schlägt sich in der Berechnung im Wesentlichen als Streuung der resultierenden Größe nieder.

Sind alle eingehenden Größen für eine Berechnung bekannt, ist es theoretisch möglich, den maximalen Fehler einer Berechnung zu schätzen. Gemäß dem Gauß'schen Fehlerfortpflanzungsgesetz ergibt sich der Gesamtfehler δG einer Mess- oder Berechnungsgröße G aus der quadratischen Addition der Einzelfehler.

$$\delta G(x, y, \ldots) = \sqrt{\left(\frac{\delta G}{\delta x} \cdot \Delta x\right)^2 + \left(\frac{\delta G}{\delta y} \cdot \Delta y\right)^2 + \ldots} \qquad (2.4)$$

Diese Fehlerabschätzung basiert auf rein statistischen Überlegungen und errechnet den maximalen statistischen Fehler einer Berechnung. Durch die quadratische Addition vermeidet sie die Kompensation von

Fehlern, die aufgrund von unterschiedlichen Vorzeichen in der eigentlichen Berechnung auftreten würden.[21]

Keiner der Softwarehersteller und auch nicht die Hersteller des Kernels führen entsprechende Fehlerrechnungen durch, so dass keine Möglichkeit besteht, eine Schätzung der Genauigkeit der jeweiligen Berechnungen vorzunehmen. Da dem Anwender darüber hinaus die Informationen fehlen, um die Fehlerrechnungen selbst durchzuführen, kann der Fehler nur statistisch geschätzt werde, indem man die Ergebnisse der verschiedenen Berechnungen diskutiert. Der vermutete systematische Fehler kann dann aus der Stichprobe der einzelnen Parameter gegenüber dem jeweiligen Einzelwert ermittelt werden (vgl. Kapitel 3).

2.4.4.4. Abstrahierung der Bewertung

Nach Stocker (Sto08, S.353ff insbes. 357) hängt der Mittelwert μ einer normalverteilten Größe nicht von Varianz σ^2 ab. Geht man von einer Normalverteilung aus, liegt der Mittelwert einer stetigen Größe beim Maximum der Gauß'schen Dichtefunktion

$$f(y_i, \mu, \sigma^2) = \frac{1}{\sigma\sqrt{2\pi}} \cdot e^{-\frac{(y_i-\mu)^2}{2\sigma^2}} \qquad (2.5)$$

Etwas umgeformt ergibt sich hieraus die Likelyhood-Funktion

$$L(\mu, \sigma^2 | y) = \prod_{i=0}^{N} \left\{ \frac{1}{\sigma\sqrt{2\pi}} \cdot e^{-\frac{(y_i-\mu)^2}{2\sigma^2}} \right\} \qquad (2.6)$$

bzw.

$$L = \left[\frac{1}{\sigma\sqrt{2\pi}} \right]^N \cdot e^{-\frac{\sum_{i=0}^{N}(y_i-\mu)^2}{2\sigma^2}} \qquad (2.7)$$

---

[21] Fehlerrechnung von Dipl.-Phys. M. Ait Tahar, Prof. Dr. J. Stollenwerk, http://www.physik.fh-koeln.de/physik/fehler/fehlerrechnung.pdf, Abruf 16.11.2009.

Durch Logarithmieren erhält man die Log-Likelyhood-Funktion

$$\ln L = -N \cdot \ln \sigma - N \cdot \ln \sqrt{2\pi} - \frac{1}{2\sigma^2} \sum_{i=0}^{N} (y_i - \mu)^2 \qquad (2.8)$$

Durch Ableiten nach μ kann man das Maximum der Log-Likelyhood-Funktion ermitteln

$$\frac{\delta \ln L}{\delta \mu} = \frac{2}{2\sigma^2} \sum_{i=0}^{N} (y_i - \mu) = 0 \qquad (2.9)$$

und erhält so den Mittelwert der Stichprobe.

$$\mu = \frac{\sum_{i=0}^{N} y_i}{N} = \bar{y} \qquad (2.10)$$

Leitet man die Log-Likelyhood-Funktion nach der Varianz ab,

$$\frac{\delta \ln L}{\delta \sigma} = -\frac{N}{\sigma} + \frac{1}{\sigma^3} \sum_{i=0}^{N} (y_i - \mu)^2 = 0 \qquad (2.11)$$

zeigt sich, dass die Schätzung der Varianz aus der Stichprobe eine verzerrte, von der Schätzung des Mittelwerts abhängige Größe ist:

$$\sigma^2 = \frac{\sum_{i=0}^{N} (y_i - \mu)^2}{N} \qquad (2.12)$$

Erst bei sehr großen Stichproben konvergieren die Stichproben Varianz mit der Varianz der Grundgesamtheit (vgl. Sto08, S.356f). Die aus einer kleinen Stichprobe ermittelten Varianzen sind also nur wenig aussagekräftig hinsichtlich einer Schätzung des zulässigen bzw. systematischen Fehlers.

Aufgrund der unbekannten Streuung der Grundgesamtheiten der einzelnen Parameter die zur Bewertung der Rechengenauigkeit herangezogen werden, wurde für die Rechenwerte eine abstrahierte Bewertung eingeführt, aus der sich eine notwendige Genauigkeit für die Schätzung der Erwartungswerte ableiten lässt.

Zu diesem Zweck wurde von der Projektarbeitsgruppe beschlossen, die Bewertung über die Lage des jeweiligen Ergebnisses in sogenannten Genauigkeitskorridoren bzw. -intervallen um den geschätzten Erwartungswert $E(X)$ für den jeweiligen Parameter vorzunehmen (siehe Abbildung 2.4). Die Streuung des jeweils betrachteten Parameters wird zunächst nicht berücksichtigt.

Das Bewertungsschema sieht vor, je einen Punkt für die Lage in einem der vorgesehenen Korridore zu vergeben. Die Bewertung ist dabei kumulativ. Liegt der errechnete Wert im 10%-Korridor ($E(X) \pm 10\%$)), erhält das Programm einen Punkt. Es erhält einen weiteren Punkt, wenn der Wert außerdem noch im 5%-Korridor ($E(X) \pm 5\%$)) liegt.

Abbildung 2.4.: Bewertung anhand von Genauigkeitskorridoren

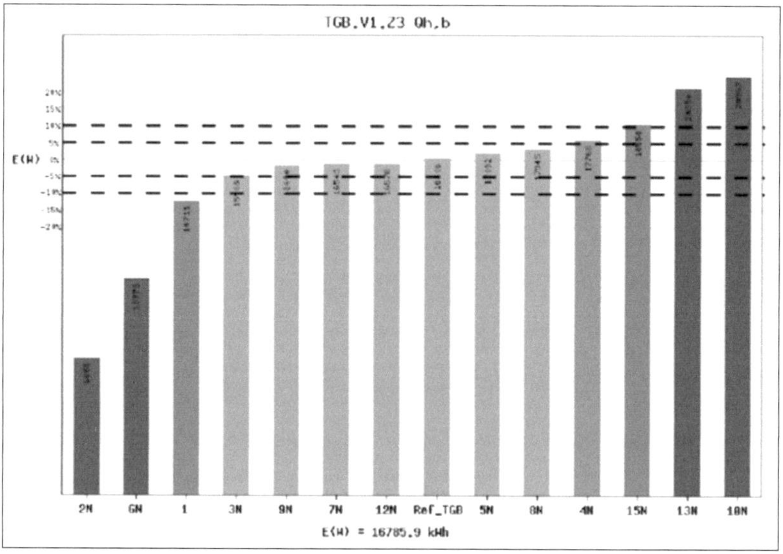

Quelle: Autor

Auf diese Weise sind maximal 2 Punkte je Parameter erreichbar. Bei 47 Parametern aus verschiedenen Bereichen der Berechnung kann das zu testende Programm so bis zu 94 Punkte erzielen.

$$BScore = Faktor_{Skalierung} \times \frac{\sum(Punkte(Kennwerte))}{Gesamtpunktzahl_{max}} \quad (2.13)$$

$$BScore = 100 \times \frac{\sum(Punkte(Kennwerte))}{Gesamtpunktzahl_{max}} \quad (2.14)$$

Kann ein Programm kein Ergebnis liefern oder weicht dieses zu stark vom Erwartungswert ab, erhält es keine Punkte für den jeweiligen Parameter.

Die Zuverlässigkeit der Bewertung hat als problematischen Aspekt die Genauigkeit des Mittelwertes. Dieser wird später in Abschnitt 2 nochmal aufgegriffen und diskutiert.

2.4.4.5. Zusammenfassung

Wenn man für die Bewertung auf zuverlässige und robuste Erwartungswerte zurückgreifen kann, ist das Verfahren sehr gut geeignet. Es ist sehr gut skalierbar und kann unproblematisch um weitere Parameter ergänzt werden. Kommt es bei einzelnen Parametern aufgrund schlechter Erwartungswert-Schätzungen zu Falschbewertungen, wird diese einzelne Bewertung in der Menge der Einzelbewertungen über alle Parameter kaum zum Tragen kommen.

Das liegt an den unterschiedlichen Variabilitätskoeffizienten(vgl. HM04; Stö93) der Stichproben zu den einzelnen Parametern

$$VarKoeff = \frac{Stichprobenstandardabweichung}{Stichprobenmittelwert} = \frac{s_{\overline{X}}}{\overline{X}} \quad (2.15)$$

Der Variationskoeffizient fällt für alle Parameter sehr unterschiedlich aus. Er ist ein qualitativer Indikator für die Streuung der Werte der Stichprobe und ist proportional zur Breite des Konfidenzintervalls der Schätzung des Mittelwerts.

Problematisch ist die notwendige Güte der Schätzung der zu verwendenden Erwartungswerte. Sind diese Werte durchgängig schlecht, sind die Bewertungen ebenfalls nicht aussagekräftig.

Als Nachteil wurde bei verschiedenen, auch öffentlichen Diskussionen das relativ grobe Bewertungsschema gesehen. „Übliche Genauigkeitsforderungen seien ±3%" war nur eine der Äußerungen aus dem Publikum während der Diskussion auf dem Symposium zum Forschungsprojekt im April 2009, wo dieses Bewertungsschema der Öffentlichkeit vorgestellt wurde. Wie diese 3% zu Stande kommen, ist allerdings ungeklärt.

2.4.5. Gesamtbewertung

Um eine Software mit einer einzigen Zahl zu bewerten, kann man die beiden Bewertungen zusammenführen. Dabei wird der U-Score, die Bewertung des Umsetzungsgrades, auf der horizontalen Achse aufgetragen. Der B-Score, die Bewertung der Rechengenauigkeit, wird auf der vertikalen Achse aufgetragen. Beide Score-Funktionen enthalten einen Skalierungsfaktor, so dass sie auf einer Skala von 0-100 abgetragen werden können. Dies führte verschiedentlich zu fälschlichen Interpretationen als Prozentangaben, tatsächlich handelt es sich lediglich um eine Punktzahl.

Durch diese Anordnung werden Programme mit besserer Bewertung weiter rechts oben platziert, während Programme mit schlechteren Bewertungen eher links unten platziert werden (siehe Abbildung 2.5). Die in der Grafik eingezeichneten Datenpunkte sind eine Repräsentation der tatsächlichen Ergebnisse. Die Anordnung der Daten folgt grob einer quadratischen Parabel, wobei der Verlauf der quadratisch einfließenden Transparenz geschuldet ist (siehe Formel 2.3).

Es ist im Interesse der Anwender, eine möglichst hohe Nachvollziehbarkeit seitens der Programme zu haben, da die Anwender bezüglich ihrer Kunden und der Ergebnisse der Berechnungen haftbar sind.

Die farbliche Zuordnung ist eine einfache Gradienten-Funktion über die 3×8-Bit-Farbpalette von Rot (hex-Farbwert FF0000) zu Grün (hex-Farbwert 00FF00). Moderne Tabellenkalkulationsprogramme wie Microsoft Excel 2007 und OpenOffice.org.calc sind in der Lage, entsprechende Hervorhebungen in Abhängigkeit von den Werten für den Gesamt-Score zu errechnen. Das sind allerdings nur optische Hilfen.

Die Funktion für den Gesamt-Score

$$Score_{gesamt} = \frac{|Faktor_{Skala} \times Faktor_{Skala}|}{\sqrt{Faktor_{Skala}^2 + Faktor_{Skala}^2}} \times \left(\frac{|UScore \times BScore|}{\sqrt{UScore^2 + BScore^2}} \right) \quad (2.16)$$

besteht aus 2 Termen. Der erste Term dient wie beim Umsetzungsgrad und der Rechengenauigkeit als Skalierungsfaktor, um das Ergebnis auf eine beliebige Skala z.B. 0-100 abzubilden.

Auf diese Weise kann man Iso-Score-Linien, Linien mit gleichem Score, in das Diagramm einzeichnen, die in Abbildung 2.5 durch Bereiche mit gleicher Farbe gekennzeichnet sind. Darüber hinaus wird so sichergestellt, dass Programme mit gleicher Bewertung in einem Kriterium, aber unterschiedlicher Bewertung im anderen, korrekt unterschiedlich bewertet werden. Es wurde versucht, Bereiche mit gleicher Bewertung für den Gesamt-Score annähernd kreisförmig um den Punkt bester Bewertung (rechts oben, grün) anzuordnen.

Diese Art, den Gesamt-Score zu bilden, ist willkürlich, erlaubt allerdings eine optische Farbzuordnung.

Abbildung 2.5.: Gegenüberstellung der Qualitätskriterien

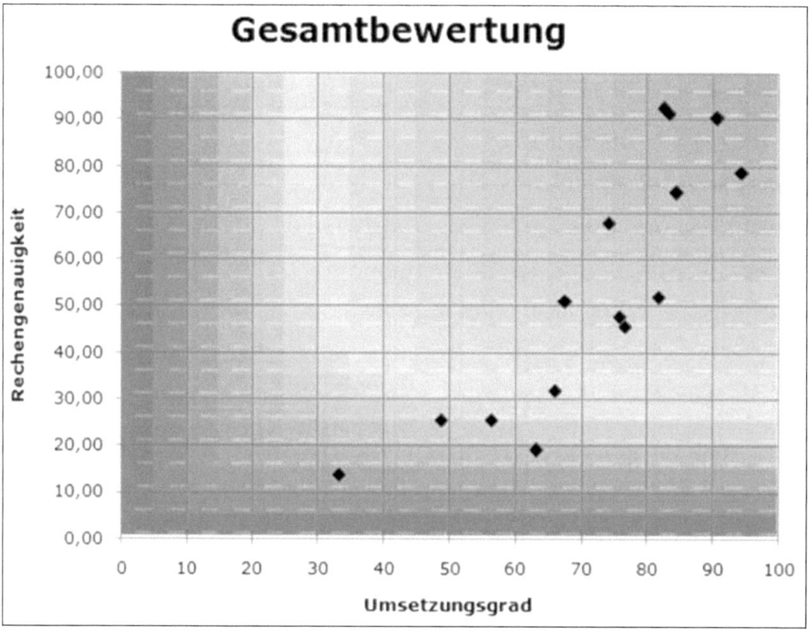

Gesamtbewertung

[Streudiagramm: x-Achse "Umsetzungsgrad" (0–100), y-Achse "Rechengenauigkeit" (0,00–100,00)]

Quelle: Autor.

Abschließend ist zu sagen, dass eine Platzierung eines Programms mit einem Gesamt-Score>0 bedeutet, dass es das Testszenario mit hinreichender Genauigkeit rechnen konnte, um Punkte für mindestens einen Parameter bei der Berechnungsgenauigkeit zu erhalten.

Programme, die völlig ungeeignet sind, das Testszenario zu rechnen, würden gar nicht platziert werden.

2.5. Problematische Aspekte

In diesem Abschnitt sollen die problematischen Aspekte angesprochen werden, die im oben beschriebenen Testmodul berücksichtigt werden müssen, um die Ergebnisse korrekt deuten zu können und auf die gegebenenfalls korrigierend reagiert werden muss, woraus sich dann auch der Kern dieser Thesis ableitet.

2.5.1. Systematische Abhängigkeiten

Ein grundsätzlich problematischer Aspekt ist die systematische Abhängigkeit der Rechengenauigkeit vom Umsetzungsgrad der Rechenvorschrift, bestehend aus EnEV 2007 und DIN V 18599 für Nichtwohngebäude. Es ist offensichtlich, dass ein Programm ein Testszenario nur dann korrekt rechnen kann, wenn eine hinreichende Funktionalität zur Berechnung im jeweiligen Programm umgesetzt ist. Dies wird bei kritischer Betrachtung des Bewertungsverfahrens, welches beim Forschungsprojekt des IAIB zum Einsatz kommt, sehr schnell klar. Es stellt sich daher die Frage, in wie weit die Rechengenauigkeit selbstständig betrachtet werden kann.

Wenn man die Grafik für den Gesamt-Score (Abbildung 2.5) betrachtet, stellt man fest, dass ein hoher Umsetzungsgrad nicht automatisch eine hohe Rechengenauigkeit bedeutet.

Ebenso kann nicht davon ausgegangen werden, dass eine hohe Rechengenauigkeit bedeutet, dass die Rechenvorschrift korrekt und entsprechend vollständig umgesetzt wurde. Für beide Fälle findet man in der vorliegenden kleinen Stichprobe leicht Gegenbeispiele. Dies liegt zum einen daran, dass in die Bewertung des Umsetzungsgrades die Transparenz bezüglich der inneren Funktionalität (Verfügbarkeit von Zwischenergebnissen etc.) einfließt. Darüber hinaus ist die Rechengenauigkeit der einzelnen Programme abhängig von den auswählbaren Einzelverfahren, die nach Norm zulässig sind. Beides sind also Größen, die durch jeweils andere Einflussgrößen so verändert werden, dass unterschiedliche Aussagen aus der jeweiligen Bewertung möglich sind, weil andere Aspekte betrachtet werden.

Es sind weitere systematische Abhängigkeiten z.B. bei der Formulierung der Kriterien für den Umsetzungsgrad zu vermuten, da die DIN V 18599 bestimmte Arten von Haustechnik ausführlicher behandelt als andere. Daher werden sie für den Fragebogen gruppiert und fließen so als Schlüsselkriterium als eine einzelne Frage ein. Die Details werden als Komfortkriterien behandelt. Es ist zu vermuten, dass diese Abhängigkeit zu einer möglichen Verzerrung der Bewertung führt, wenn man die Komfortfragen zur Bewertung heranzieht.

Einige der ausführlicher behandelten Aspekte werden laut Herrn Winkler eher selten in der Praxis eingesetzt, weshalb es tatsächlich zu Verzerrungen kommen kann, wenn man den vollständigen Kriterienkatalog einsetzt. Die Beschränkung der Bewertung auf die Schlüsselkriterien hebt diese Verzerrung weitestgehend auf und erlaubt so eine ausgewogenere Bewertung.

Eine weitere systematische Abhängigkeit kann bei der Bewertung der Rechengenauigkeit vermutet werden. Die Parameter, welche zur Bewertung herangezogen werden, sind in verschiedenen Varianten desselben Testgebäudes und verschiedenen Berechnungsphasen angesiedelt. Jede dieser Varianten stellt grundsätzlich ein eigenes Szenario dar, da unterschiedliche Haustechnikvarianten zum Einsatz kommen, obwohl die Gebäudehülle nicht variiert wird. Allerdings werden einige Größen aus allen Varianten jeweils sechs Mal aufgenommen. Dazu zählen $vorh.Q_P$, $zul.Q_P$, $vorh.H_T'$, $zul.H_T'$ und A/V_e. Die ersten vier der genannten Größen resultieren aus der Gesamtheit aller Berechnungen des Gebäudes und sind in allen Varianten unterschiedlich. Allerdings ist die Größe A/V_e, weil sie direkt von der Gebäudegeometrie und der festgelegten Nutzung/Konditionierung des Gebäudes abhängt, möglicherweise zu stark an der Ergebnisbildung beteiligt.

Systematische Abhängigkeiten sind in ganzheitlichen Berechnungsverfahren wie dem, welches in der DIN V 18599 beschrieben wird, grundsätzlich zu erwarten, da auch das Berechnungsverfahren im Ergebnis den Jahresprimärenergiebedarf $vorh.Q_P$ durch eine Iteration berechnet und somit diesen Wert als eine sich einstellende Größe eines Gleichgewichtssystems auffasst.

2.5.2. Sehr kleine Stichproben

Obwohl im Forschungsprojekt alle auf dem Markt verfügbaren Softwareprodukte betrachtet werden, handelt es sich bei beim Test bezüglich der möglichen Implementierungen der Rechenvorschrift nicht um eine vollständige Datenerhebung. Da jederzeit ein weiteres Produkt auf den Markt kommen kann, welches die Norm abbildet und Energieausweise erstellt, hat die Gruppe der getesteten Programme grundsätzlich den Charakter einer Stichprobe, basierend auf einer unbekannten Grundgesamtheit (mehr dazu in Kapitel 3).

Die Daten, welche für die einzelnen Parameter vorliegen, haben jeweils eine Anzahl von 7 bis 15 Werten aufzuweisen. Da die Datenbasis damit als sehr klein zu bezeichnen ist, kann dies zu ernsten Problemen bei der Bestimmung von Erwartungswerten für die einzelnen Parameter führen. Es müssen entsprechende Konfidenzintervalle bestimmt werden, die dem gewählten Bewertungsschema gerecht werden.

2.5.3. Freiheitsgrade

2.5.3.1. Spielräume für Interpretationen

Wie schon im Abschnitt 2.4.4.3 beschrieben, kommen für eine Genauigkeitsbewertung lediglich statistisch oder anderweitig ermittelte Schätzwerte zum Einsatz. Dadurch, dass der Berechnung des Testgebäudes durch alle Testkandidaten dieselbe Rechenvorschrift zu Grunde liegt, ist zu erwarten, dass die Ergebnisse nahezu gleich ausfallen. Dem ist allerdings nicht so. Für jeden untersuchten Parameter wurden die entsprechenden Ergebnisse erhoben und statistisch untersucht. Es ist in jedem Fall eine Streuung in einem bestimmten Bereich zu beobachten.

In einigen Fällen, wie zum Beispiel bei den Daten zum Kühlbedarf $Q_{c,b}$ in Variante 6 (Tabelle A.4), gruppieren sich die Ergebnisse in mehreren Bereichen. Herr Winkler äußerte sich dahingehend, dass es problematische Formulierungen in der DIN V 18599 bezüglich verschiedener Aspekte gibt und dass beispielsweise der Kühlbedarf dazu gehört. Diese nicht eindeutig formulierten Themen der Norm führen zu Interpretationsspielräumen, die aufgrund einer fehlenden Diskussion zum Thema unter den Softwareherstellern und den Autoren der DIN V 18599, nicht oder nur sehr langsam ausgeräumt werden.

Es ist im Rahmen des Forschungsprojektes geprüft worden, inwieweit es die Möglichkeit gibt, Handrechnungen durchzuführen. Dabei ist erwogen worden, die Ergebnisse der Handrechnung als Referenzwerte zu verwenden. Dies wurde jedoch verworfen. Zum Einen ist die Handrechnung nur beschränkt durchführbar und zum Anderen sehr aufwändig zu implementieren.

Dies wurde bereits einmal vom Fraunhofer IBP realisiert, mit dem Ergebnis, dass es ein *Excel-Tool* gibt, welches gleichzeitig die erste Implementierung eines Werkzeugs für Berechnungen der DIN V 18599 darstellt.

Dieses *Excel-Tool* wurde im Rahmen des Softwaretests ebenfalls geprüft und implementiert eine Grundfunktionalität der Norm, so dass einige Szenarien gerechnet werden können. Es zeigt sich aber, dass das *Excel-Tool* ebenso, wie die anderen getesteten Programme Fehler und Freiheitsgrade bei der Berechnung implementiert.

2.5.3.2. Schätzung der Anzahl der Freiheitsgrade

Analysiert man den verwendeten Testfall auf Freiheitsgrade, wobei Freiheitsgrade an dieser Stelle Punkte in der Berechnung sind, an denen Ungenauigkeiten eingetragen werden können, die dann im Zuge

Zuge der weiteren Berechnung als systematische Fehler fortgepflanzt werden, so kommt man auf etwa folgende Liste:[22]

- Der Testfall enthält ca. 120 Eingabeobjekte. Das sind beispielsweise Wände, ein Gerät oder ähnliches. Diese werden als mindestens ein oder gar mehrere Eingabewerte in das einzugebende Szenario übernommen. Bei der Eingabe werden diese mit einer gewissen Genauigkeit übernommen und intern weiterverwendet. Es ist dabei unbekannt, ob der Wert für die weitere Berechnung gerundet wird (z.B. durch den verwendeten Datentyp. Dabei handelt es sich im einfachsten Fall, um die Abhängigkeit von der Verwendung des *float*- oder *double*-Zahlentyps der Programmiersprache.

  Auf diese Art kommt man bereits auf mindestens 120 Freiheitsgrade, die als systematische Fehler durch die gesamte Berechnung getragen werden. Das verdoppelt sich, sobald der Anwender nachlässig ist und ebenfalls mit gerundeten Werten arbeitet.

- Es gibt im Testfall etwa 15 Möglichkeiten Vereinfachungen bei Implementierung (seitens der Softwarehersteller) oder bei der Berechnung zu nutzen. Für die Betrachtung wurden diese als 15 weitere Freiheitsgrade gezählt.

- Bei der Berechnung des energetischen Gleichgewichts des gesamten Gebäudes mittels Iteration gibt es mindesten 2 Abbruchbedingungen, zum einen maximale Anzahl von Iterationsschritten und zum anderen eine Mindestgenauigkeit anhand von Nachkommastellen. Dies wird als 2 Freiheitsgrade gezählt, weil dabei jeweils andere Fehler eingetragen werden.

---

[22] Die Werte, die hier aufgeführt werden, hat der Autor durch ein Interview mit dem Projektleiter in Erfahrung gebracht. Eine genauere Untersuchung wurde nicht vorgenommen. Die tatsächliche Anzahl der Freiheitsgrade ist wahrscheinlich erheblich größer.

- Weiterhin kommen noch in dieser Betrachtung nicht berücksichtigte Freiheitsgrade, wie zum Beispiel aus Tabellen ausgewählte Pauschalwerte, etc. hinzu.

Die Anzahl von Nachkommastellen ist ebenfalls nicht ohne Einfluss auf die letztendliche Rechengenauigkeit. Werden zu wenige Stellen angegeben, führt dies zu Ungenauigkeiten, die im ersten Punkt der Aufzählung berücksichtigt wurden. Das Angeben sehr vieler Nachkommastellen führt zu Scheingenauigkeiten und hat in der Regel ebenfalls keinen Beitrag für die Genauigkeit, da gerade Messwerte mit einer bestimmten maximalen Genauigkeit (z.B. cm-genau) aufgenommen werden. Bei den Messgenauigkeiten spricht man häufig vom zufälligen Fehler.

Abbildung 2.6.: Freiheitsgrade schematisch dargestellt

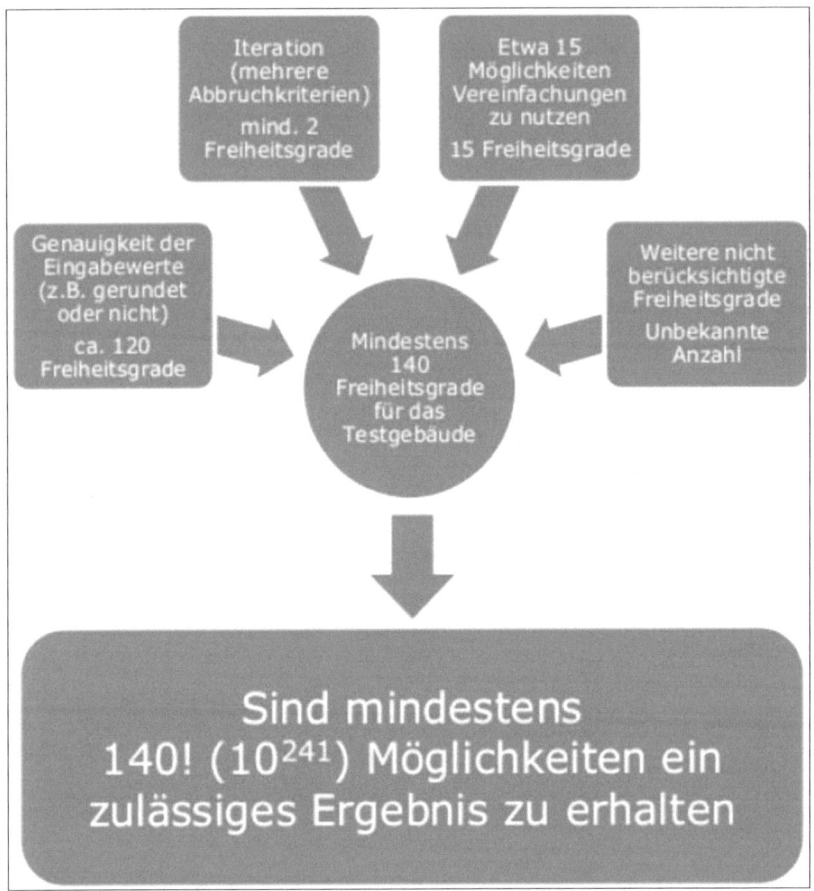

Quelle: Autor.

Fasst man alles zusammen, kommt man auf mindestens 140 Freiheitsgrade, von denen jeder einzelne zu gravierenden Abweichungen im Resultat führen kann und von denen jede einzelne oder auch alle zusammen als Fehlerquelle auftreten können. Rechnet man das hoch, gibt es bei optimistischer Schätzung ca. 140! (das sind rund $1{,}35 \cdot 10^{241}$) Möglichkeiten für Fehlerkombinationen. Alle abzuprüfen ist nicht möglich.

Da von vornherein mit gemessenen Werten gerechnet wird, ist das Ergebnis einer Berechnung mit einem systematischen Fehler behaftet, der aus den Ungenauigkeiten der Eingabegrößen resultiert. Jeder dieser fehlerbehafteten Werte stellt somit einen zulässigen Rechenwert dar, der zwar nicht falsch, aber fehlerbehaftet ist. Nimmt man die Gesamtheit aller dieser Werte, könnte man theoretisch daraus den wahren Mittelwert und die wahre Streuung berechnen.

2.5.4. Notwendige Genauigkeit der Erwartungswerte

Während die Bewertung des Umsetzungsgrades vorrangig von einer sorgfältig ausgearbeiteten Kriterien-Liste für den Fragebogen abhängt, ist die Bewertung der Genauigkeit wesentlich detaillierter zu betrachten. Die wichtigste Frage, die zu stellen ist, lautet:

> Wie unsicher darf der geschätzte Erwartungswert für einen Parameter sein, damit möglichst wenige Falschbewertungen zu Stande kommen?

Das Bewertungsschema ist in Abschnitt 2.4.4 behandelt worden und sieht vor, dass für die Lage des Datenpunktes in Genauigkeitskorridoren Punkte vergeben werden. Die Genauigkeitskorridore sind für ±5% und ±10% eingerichtet worden. Im 5%-Korridor erhalten die Programme 2 Punkte und im 10%-Korridor lediglich einen. Jenseits der 10%-Schwelle wird ein Programm mit 0 Punkten bewertet. Ist der Erwartungswert verschieden von dem Mittelwert μ der zugrunde liegenden Grundgesamtheit, kommt es zwangsläufig zu Falschbewertungen, weil Produkte somit zwar korrekt falsch aber auch falsch korrekt bewertet werden können. Deswegen ist ein Grenzwert festzulegen, wie hoch die Wahrscheinlichkeit sein darf, dass ein Produkt nicht korrekt bewertet wird und wie groß die Falschbewertung sein darf.

In Absprache mit Herrn Winkler wurden folgende Beschränkungen gesetzt:

> Ein Programm darf je Parameter mit einer Wahrscheinlichkeit von 50% um maximal 1 Punkt zu hoch oder zu niedrig bewertet werden.

Wenn man systematische Abhängigkeiten vernachlässigt, bedeutet dies, dass die Wahrscheinlichkeit dafür, dass ein Programm für alle Werte um einen Punkt falsch bewertet wird, eine Wahrscheinlichkeit von beinahe 0 hat.

$$P(\text{"immer um 1 Punkt falsch"}) = 0{,}5^{17} = 7{,}1 \cdot 10^{-15} \qquad (2.17)$$

Wenn die erzielten Abweichungen der Schätzungen der einzelnen Parameter geringer sind als das erlaubte Unsicherheitsintervall, sinkt die Wahrscheinlichkeit für eine Falschbewertung.

Um die Grenze für die maximale Abweichung zu ermitteln, führte der Autor eine einfache Monte-Carlo-Simulation durch. Über den gesamten betroffenen Bereich wurden zufällig 1000 Datenpunkte verteilt und einmal korrekt bewertet und dann anhand einer Skala, die sich an einem verschobenen Erwartungswert orientiert. Die Zahl der Falschbewertungen und die Größe der Falschbewertung wurden jeweils aufgezeichnet. Die Verschiebung des Erwartungswertes erfolgt in 0,1%-Schritten und wurde beidseitig durchgeführt.

Abbildung 2.7.: Simulationsergebnis für die Aussage zur notwendigen Genauigkeit

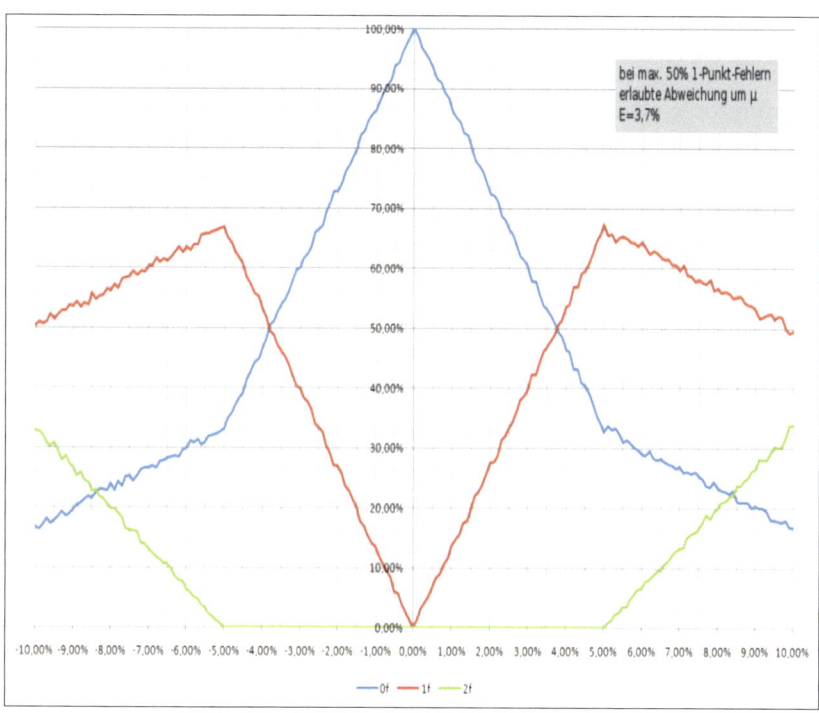

Quelle: Autor.

Die Simulation liefert als Ergebnis für die oben gestellten Randbedingungen ein zulässiges Konfidenzintervall für die Schätzung des Mittelwertes von ±3,7% als die maximale Distanz vom wahren Mittelwert für den Parameter. Im Diagramm findet sich der zulässige Fehler beim Schnittpunkt des Graphen für 0-Fehler und 1-Fehler.

Der Fehler der Skalierung über den Skalenwert des Erwartungswertes entsteht, wird dabei jedoch nicht berücksichtigt. Er kann aber mit

$$\frac{\Delta X}{X} = \frac{|\overline{X} - \mu|}{X} \times P(\text{"um 1 Punkt falsch"}) \qquad (2.18)$$

grob geschätzt werden. Für den in der Simulation festgestellten zulässigen Fehler von 3,7% ergibt sich so

$$\frac{\Delta X}{X} = 0.037 * 0.5 = 0.0185 \rightarrow 0.037 \pm 0.000685 \quad (2.19)$$

wodurch die Grenze mit 3,7% ± 0,068% angegeben werden kann. Der relative Fehler durch die Verzerrung, die durch die Abhängigkeit der Abweichung vom Skalenwert entsteht, ist allerdings sehr gering und darüber hinaus kleiner als die Simulationsauflösung und kann vernachlässigt werden.

Das zulässige Konfidenzintervall für die Erwartungswerte ergibt sich demzufolge mit

$$[E(X) \cdot (1-0.037); E(X) \cdot (1+0.037)]. \quad (2.20)$$

Ist das Konfidenzintervall des Stichprobenmittelwertes größer als das hier berechnete, ist die Bewertung der Programme zu ungenau und kann nicht verwendet werden.

3. Statistische Untersuchungen

3.1. *Stichproben*

3.1.1. Abgrenzung

Bei allen gesammelten Daten handelt es sich um Stichproben. Zwar sind im Rahmen des Forschungsprojektes des IAIB alle verfügbaren Produkte untersucht worden, dennoch handelt es sich nur um eine Teilmenge aller möglichen Implementierungen der DIN V 18599.

Bei den Vorüberlegungen zum Forschungsprojekt wurde in Betracht gezogen, eine eigene Implementierung der Berechnungsvorschrift als Handrechnung vorzunehmen. Die Ergebnisse dieser Handrechnung wären dann als Referenzwerte aufgefasst worden, um eine Aussage über die Genauigkeit der untersuchten Softwareprodukte zu machen. Davon wurde aber Abstand genommen, da es sich dabei lediglich um eine weitere Implementierung der Rechenvorschrift handelt. Diese müsste dann genauso behandelt und untersucht werden, wie alle anderen Testkandidaten. Dazu kommt der entstehende Entwicklungsaufwand, welcher im Rahmen des zur Verfügung stehenden Budgets nicht tragbar war (vgl. IAI09; Win10).

Bei der gesamten Untersuchung während des Forschungsprojektes wurde unter der Annahme gearbeitet, dass die Daten der Stichprobe auf einer normalverteilten Grundgesamtheit basieren. Dafür gibt es eine Reihe von empirischen Indizien. Stellvertretend für alle Daten des Tests werden hier lediglich die Daten für die Variante 1 des zweiten Testlaufs aus Tabelle A.1 diskutiert. Im Forschungsprojekt wurden diese Untersuchungen für alle Daten vollständig durchgeführt. Die Stichproben sind alle sehr klein und die Daten aus dem Szenario in Variante 1 sind am umfangreichsten, da die dort verwendete Haustechnik[23] so gewählt wurde, dass sie möglichst repräsentativ für einen realen Anwendungsfall ist. Somit konnten alle Programme im Test Werte für dieses Szenario liefern.

3.1.2. Vorbetrachtungen

Für die Aussage, dass alle genommenen Stichproben auf einer normalverteilten Grundgesamtheit basieren, gehen wir von folgenden Annahmen aus:

- Wenn die Eingabegrößen für eine vielfach wiederholte Berechnung normalverteilt und statistisch voneinander unabhängig sind, ist auch das Ergebnis der Berechnungen normalverteilt.(Sto08, S.352ff) Bei einer Stichprobe aus einer normalverteilten Grundgesamtheit sollten, bei statistisch unabhängigen Einzelerhebungen, die Ergebnisse der Programme ebenfalls normalverteilt sein. Dies müsste sich dann anhand der zugehörigen empirischen Dichtefunktion als Häufung um einen zu ermittelnden Erwartungswert prüfen lassen (vgl. Abbildung 3.9).

- Es wird von einer stetigen Verteilung ausgegangen, weshalb man die Gauß'sche oder Student's Dichtefunktion zur Beschreibung der Grundgesamtheit zu Grunde legen kann. Die Werte der Stichprobe ordnen sich bei ausreichendem Umfang gemäß der zu Grunde liegenden Verteilung an (vgl. OR09, S.206f).

- Trotz beinahe identischer Eingabeparameter für jeden Testlauf[24] unterliegen die Berechnungen durch die Programme einer Reihe von Freiheitsgraden (siehe Abschnitt 2.5.3). Die Berechnungsvorschrift (DIN V 18599) erlaubt in vielen Fällen Alternativen, Vereinfachungen und legt keine verbindlichen Rundungsregeln fest.

---

[23] Haustechnik: Heizanlagen, Elektrik, Klimaanlage, usw.
[24] Während des Softwaretests wurden alle Eingaben unter den Testern mit den Szenario-Unterlagen abgeglichen und Abweichungen protokolliert.

Darüber hinaus gibt es mehrere Abbruchkriterien für die im Rechenverfahren eingesetzten Iterationen. Eine Schätzung für das Testszenario belief sich auf mindestens 140 Freiheitsgrade allein für die hier betrachtete Variante 1.

Auf Grund der geringen Datenmenge (höchstens 15 Werte) ist eine Untersuchung auf Normalverteilung wenig aufschlussreich. Allerdings kann man einfache Tests auf bestimmte charakteristische Merkmale durchführen.

3.1.3. Sehr grober Verteilungstest

Zunächst kann man untersuchen, ob es eine Häufung der Werte um einen nicht näher bestimmten Erwartungswert gibt. Dazu teilt man den Bereich, der durch die Werte der Stichprobe aufgespannt wird, in einige gleich große Bereiche, sogenannte Klassen. Bei 15 Werten in der Stichprobe reichen drei Klassen, so dass bei einer Gleichverteilung noch fünf Werte in jeder Klassen liegen würden. Abbildung 3.1 auf der nächsten Seite stellt die Klassenpopulation graphisch dar. Die Bezeichnungen der Klassen ergeben sich wie folgt:

- *Unten*: unteres Drittel der Spanne,
- *Mitte*: mittleres Drittel der Spanne,
- *Oben*: unteres Drittel der Spanne.

Abbildung 3.1.: **Klassenpopulationen der Stichprobe für Durchgang 2 Variante 1**

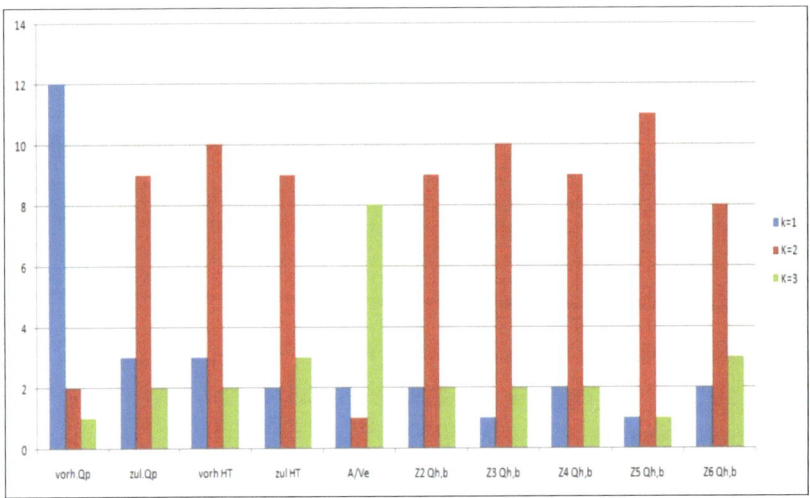

Quelle: Autor.

Es zeigt sich, dass der größte Teil aller Werte im mittleren Bereich vor- und dort dichter zusammenliegen. Der Wert, bei dem die Werte am dichtesten liegen, müsste bei Werten, die auf einer Normalverteilung basieren, der wahrscheinlichste Wert, der Erwartungswert bzw. der Mittelwert μ sein. Die Spanne der Verteilung und ihre relative Dichte untereinander drücken sich in der Standardabweichung σ bzw. s_x aus. Die Normalverteilung wird als wichtigste Verteilung häufig eingesetzt, um mit zwei einfachen Parametern die Verteilung einer streuenden Messgröße zu beschreiben. Das geht zwar auch mit anderen Verteilungen, wie zum Beispiel der Poisson-Verteilung oder der Binomial-Verteilung. Allerdings lässt sich die Normalverteilung leichter handhaben. Bei hinreichend großen Erhebungen konvergieren all diese Verteilungen (vgl. OR09, S.206ff).

3.2. Normalverteilung

3.2.1. Allgemeines

Die Normalverteilung wird durch zwei Größen beschrieben: Den Mittelwert μ und die Standardabweichung σ. Sehr viele Zufalls- oder Messgrößen entsprechen einer Normalverteilung, weshalb auch hier von einer ausgegangen wird. Diese Annahme ist jedoch zu untermauern.

Die Normalverteilung hat einige praktische charakteristische Eigenschaften (EV07; Stö93; Sto08; OR09).

- Die Dichte-Verteilung ist glockenförmig um den Mittelwert μ und wird in der Form durch den Streuungsparameter σ beschrieben.
- Die Verteilung ist spiegelsymmetrisch um den Mittelwert μ, und es gilt daher die Beziehung $f(\mu + x) = f(\mu - x)$.
- Je weiter der jeweilige Wert für x vom Mittelwert μ entfernt ist, desto kleiner ist der Wert $f(x)$ und nähert sich mit größerem Abstand 0, bzw. der x-Achse an.
- Das Maximum der Normalverteilung liegt bei $x = \mu$.

Um die Normalverteilung zu errechnen, bedient man sich für stetige Verteilungen der Gauß'schen Dichtefunktion

$$f(x) = \frac{1}{\sigma\sqrt{2\pi}} e^{-\frac{1}{2}\left(\frac{x-\mu}{\sigma}\right)^2} \quad -\infty \leq x \leq +\infty \tag{3.1}$$

und kann sie für einfachere Betrachtungen durch eine z-Transformation

$$z_i = \frac{x_i - \mu}{\sigma} \tag{3.2}$$

auf eine Standard-Normalverteilung umrechnen.

$$f(x) = \frac{1}{\sqrt{2\pi}} e^{-\frac{1}{2}z^2} \quad -\infty \leq z \leq +\infty \quad (3.3)$$

Das Besondere an der Standard-Normalverteilung ist die Tatsache, dass der Mittelwert μ nun bei $z = 0$ liegt und die Standardabweichung $\sigma = 1$ ist. Man benötigt nun keine Parameter, außer z, um die Funktion zu beschreiben (OR09, S.206ff).

3.2.2. Test auf Normalverteilung

Um grundsätzlich von einer Normalverteilung ausgehen zu können, ist es notwendig, hinreichend zu belegen, dass die untersuchten Werte einer Normalverteilung folgen. Dazu gibt es eine Reihe von Hypothesentests, wie zum Beispiel den von Shapiro-Wilk, Cramer von Mises, Kuiper, Watson, Anderson-Darling, und eine ganze Reihe mehr. Dabei wird die Hypothese getestet, dass die Werte der Stichprobe unter Verwendung verschiedener Kriterien einer Normalverteilung folgen und sich auf eine Gauß-Glockenkurve (Dichte-Funktion) abbilden lassen. Das soll an dieser Stelle nicht geschehen, da dies von Herrn Winkler im Rahmen seiner Dissertation sehr ausführlich mit den auch hier verwendeten Werten gemacht wurde (siehe Win10).

Im Grunde haben alle Normalverteilungstests eines gemeinsam, sie testen die Hypothese, dass der Mittelwert der Stichprobe $\bar{X}$ bei einer bestimmten Irrtumswahrscheinlichkeit so gut mit dem tatsächlichen Wert μ der Grundgesamtheit korrespondiert, dass die Werte der Stichprobe bei einer hinreichend genauen Bestimmung des Stichprobenmittelpunktes $\bar{X}$ mit dem wahren Mittelwert μ einer Normalverteilung korrespondieren. Ist dies nicht so, wird die Hypothese abgelehnt. Für die entsprechenden Aussagen kommen üblicherweise sogenannte kritische Werte in Abhängigkeit von Stichprobenumfang und Irrtumswahrscheinlichkeit zum Einsatz.

Beweisen tut keiner der Tests, dass aufgrund der vorliegenden Stichprobe, die zugrunde liegende Grundgesamtheit tatsächlich normalverteilt ist. Die häufig empfohlene Verwendung mehrerer Test soll lediglich das Testergebnis mehrfach validieren und somit plausibel machen. Für eine Aussage, ob eine Stichprobe normalverteilt ist, ist ein Normal-Quantil-Plot bzw. ein Quantil-Quantil-Plot (Q-Q-Plot) für eine graphische Überprüfung völlig ausreichend.[25] Dabei wird ein Soll-Ist-Vergleich der Stichprobenwerte mit einer Normalverteilung vorgenommen.[26]

Nachfolgend soll dies an zwei Beispielen demonstriert werden. Zu diesem Zweck werden zunächst die Perzentile für den Rang der Werte der geordneten Stichprobe gebildet.

$$p_i = \frac{Rang(x_i) - 0.5}{n} \rightarrow 0 \leq p_i \leq 1 \qquad (3.4)$$

Für jedes Perzentil der entsprechende z-Wert der Standardnormalverteilung errechnet.

$$z_i = \pm\sqrt{-2 \cdot \ln(p_i) - \ln(2\pi)}, \; mit \; 0 < p_i \leq 1 \qquad (3.5)$$

In Microsoft Excel und OpenOffice.org.calc kann man dies mit der Funktion

- =STANDNORMINV(p_i)

berechnen. Normalisiert man die Werte für die Größe x_i und analog für z_i über die jeweilige Spanne

$$x'_i = \frac{x_i - max\{x_i\}}{min\{x_i\} - max\{x_i\}} \; bzw. \; z'_i = \frac{z_i - max\{z_i\}}{min\{z_i\} - max\{z_i\}} \qquad (3.6)$$

ergibt sich für $vorh.Q_P$ folgender Q-Q-Plot (Abbildung 3.2) mit und ohne Ausreißer.

---

[25] Vergleiche http://www.mathpedia.de/Normalverteilung.aspx im Abschnitt Testen auf Normalverteilung, Abruf 18.11.2009.
[26] http://www.bb-sbl.de/tutorial/verteilungen/qqplot.html, Abruf 18.11.2009.

Abbildung 3.2.: Q-Q-Plots für $vorh.Q_P$ mit Dichte-Quantil-Plot

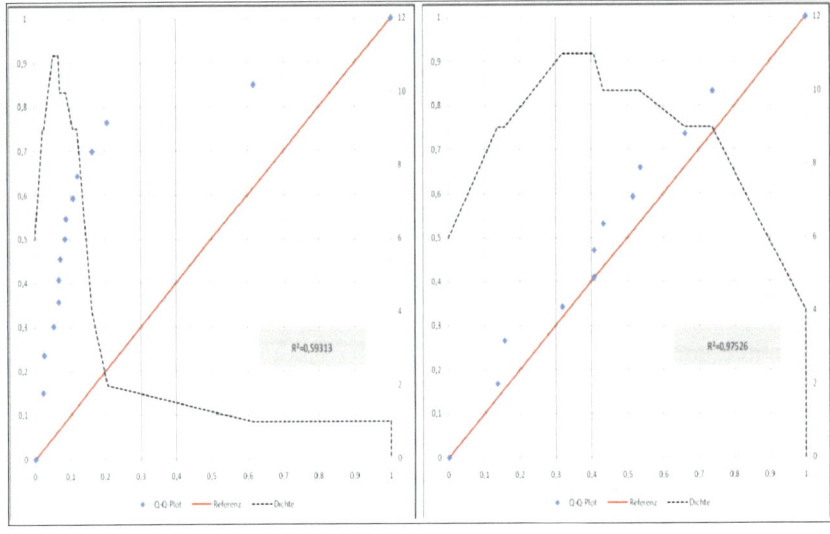

(a) mit Ausreißer   (b) ohne Ausreißer

Quelle: Autor (siehe auch Abbildung 3.9).

Mit Hilfe des Bestimmtheitsmaßes R^2 kann man die Korrelation der Normalverteilung mit der Stichprobe quantifizieren. Nach einer Ausreißerbereinigung sieht man anhand des Wertes von $R^2 = 0{,}975$, dass die Stichprobe im Wesentlichen mit einer Normalverteilung korrespondiert. Der kritische Wert für R ist mit $n = 12$ (3 Werte wurden entfernt) $R = 0{,}9267$.

Quadriert man diesen, erhält man den kritischen Wert für R^2, welcher bei $0{,}8588$ liegt. Man kann also rein rechnerisch eine Normalverteilung vermuten.

Wenn man eine Stichprobe nimmt, bei der es beispielsweise einen Modalwert gibt, ergibt sich folgender Quantil-Plot o. ä.

Abbildung 3.3.: Q-Q-Plots für vorh.HT mit Dichte-Quantil-Plot

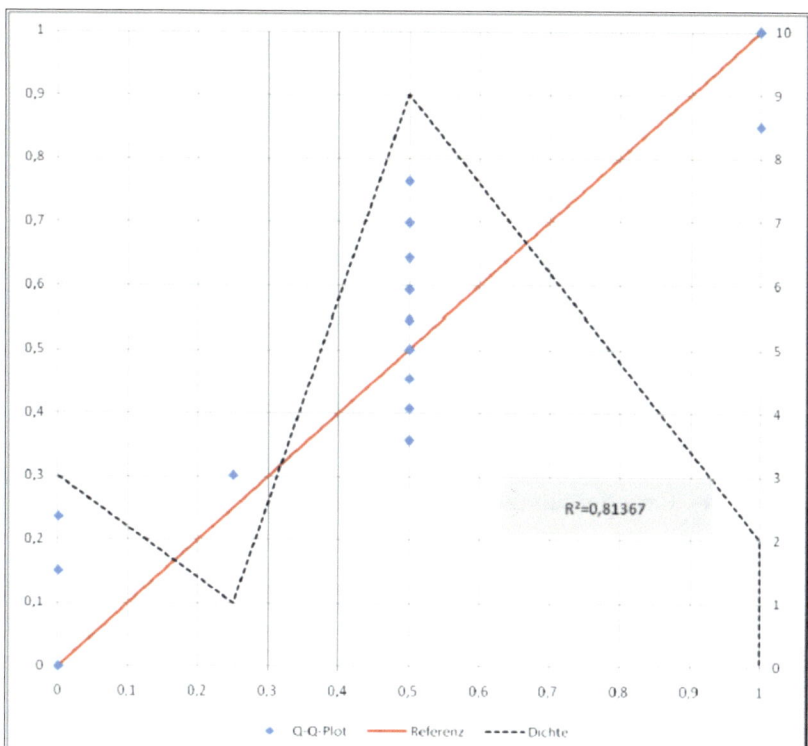

Quelle: Autor.

Auch hier gibt es eine Korrelation zwischen der Standardnormalverteilung und der Stichprobe. Allerdings wird der kritische Wert für R^2 nicht eingehalten. Das ist allerdings nicht notwendig, da hier der Modalwert maßgebend ist.

Ähnliche Resultate erhält man für alle anderen Stichproben. Schwierig wird es, eine Normalverteilung zu entscheiden, wenn, wie in Variante 6, der Kühlenergiebedarf mehrere Maxima hat. Die Untersuchung zeigt, dass die meisten Wertegruppen für sich normal verteilt sind.

3.3. Mittelwert und Konfidenzintervall

Es stellt sich nun die Frage, wie man Mittelwert und Standardabweichung hinreichend genau aus einer relativ kleinen Stichprobe ermitteln kann, und ob es eine Möglichkeit gibt, den Wert so zu bestimmen, dass bei einer anderen Stichprobe der gleiche Wert geschätzt wird.

3.3.1. Formulierung des Standard-Fehlers

Aus den Werten der Stichprobe, sofern sie hinreichend repräsentativ ist und die einzelnen Elemente statistisch unabhängig voneinander sind, lässt sich relativ sicher ein Stichprobenmittelwert $\overline{X}$ berechnen, der recht schnell auch schon bei kleinen Stichproben mit dem Mittelwert μ der Grundgesamtheit konvergiert. Um eine Angabe dazu zu machen, wie sicher $\overline{X}$ ist, kann man den Standardfehler $\sigma_{\overline{X}}$ der Stichprobe berechnen. Dieser berechnet sich aus dem Streuparameter der Stichprobe, der Standardabweichung der Stichprobe und einem Korrekturfaktor $\sqrt{n}$ wobei n die Anzahl der Elemente der Stichprobe ist.

$$E(X) = \sigma_X = \frac{s}{\sqrt{n}} \tag{3.7}$$

Das ist lediglich eine Schätzung der Streu-Charakteristik, der zu Grunde liegenden Grundgesamtheit der jeweils untersuchten Größe. Spätestens an dieser Stelle wird klar, dass man bei Stichproben, wie im oben beschriebenen Forschungsprojekt, keine gesicherten Aussagen über die Standardabweichung der zu untersuchenden Größen machen kann.

Der *zentrale Grenzwertsatz* der Statistik sagt aus:

> Wenn man eine zufällige Stichprobe vom Umfang *n* aus einer beliebigen Grundgesamtheit nimmt, dann nähert sich – wenn

n ausreichend groß ist – die Verteilung des Stichprobenmittelwertes einer Normalverteilung an.

Wie groß die Stichprobe sein muss, hängt dabei stark von der Verteilung der Grundgesamtheit ab.

3.3.2. Überführung in die Standard-Normalverteilung

Die Stichproben im Forschungsprojekt haben lediglich eine Maximalgröße von $n = 15$. Deshalb lassen sich keine hinreichend genauen Schätzungen für den Mittelwert μ und die dazugehörige Standardabweichung σ ermitteln. In diesem Fall greift man auf den Stichprobenmittelwert $\overline{X}$ und die Standardabweichung der Stichprobe s_x zurück. Das ist zulässig, wenn die Stichprobe einer Normalverteilung folgt. Daher ergibt sich für die Transformationsgleichung

$$z_i = \frac{x_i - \overline{X}}{s_x} \qquad (3.8)$$

und die Werte der Stichprobe lassen sich in eine Standardnormalverteilung überführen.

3.3.3. Abgrenzungsquantile für die Irrtumswahrscheinlichkeit

Um ein Konfidenzintervall für den Punktschätzer $\overline{X} = \mu$ zu berechnen, geht man davon aus, dass der wahre Mittelwert der zugrunde liegenden Verteilung mit der Wahrscheinlichkeit

$$P\left(z_{\frac{\alpha}{2}} \leq \frac{\overline{X} - \mu}{\sigma_{\overline{X}}} \leq z_{1-\frac{\alpha}{2}}\right) = 1 - \alpha \qquad (3.9)$$

im Konfidenzintervall $[z_{\frac{\alpha}{2}}; z_{1-\frac{\alpha}{2}}]$, bzw. $[X_u; X_o]$ (siehe Abbildung 3.4) liegt.

Abbildung 3.4.: Darstellung Konfidenzintervall

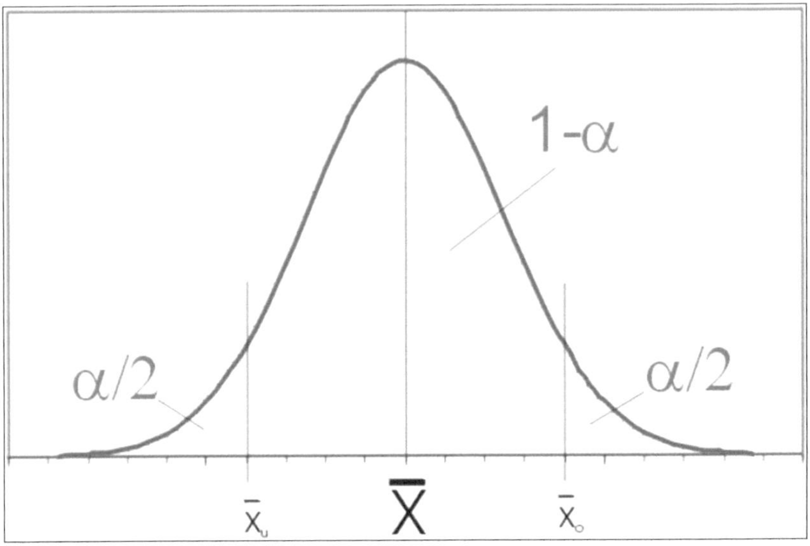

Quelle: Wikipedia.

Übliche Werte für die Irrtumswahrscheinlichkeit α sind 5%, 1% und 0,1%. Um die dazugehörigen Quantile zu erhalten, kann man entsprechende Tabellen konsultieren (OR09, S.319)(EV07, S.372f).

Für $\alpha = 0,05$ erhält man nach den entsprechende Tabellen für $z_{1-\alpha} = z_{0,975} = 1,96$. Unter Ausnutzung der Beziehung

$$z_{\frac{\alpha}{2}} = -z_{1-\frac{\alpha}{2}} \tag{3.10}$$

erhält man für $z_\alpha = z_{0,025} = -1,96$. Formt man nun die Gleichung 3.9 etwas um,

$$P\left(\bar{X} - z_{1-\frac{\alpha}{2}} \cdot \sigma_{\bar{X}} \leq \mu \leq \bar{X} + z_{1-\frac{\alpha}{2}} \cdot \sigma_{\bar{X}}\right) = 1 - \alpha \tag{3.11}$$

so erhält man in Abhängigkeit von einem geschätzten Mittelwert $\bar{X}$ die entsprechenden Intervallgrenzen, zwischen denen der wahre Mittelwert μ mit der Wahrscheinlichkeit $1 - \alpha$ vermutet wird.

$$KI = \left[\bar{X} - z_{1-\frac{\alpha}{2}} \cdot \sigma_{\bar{X}}; \bar{X} + z_{1-\frac{\alpha}{2}} \cdot \sigma_{\bar{X}}\right] \quad (3.12)$$

3.3.4. Student-Verteilung für kleine Stichproben

Im vorliegenden Fall ergibt sich an dieser Stelle folgende Schwierigkeit: Die empirische Standardabweichung $s_{\bar{X}}$ ist zwar bekannt, aber die der Grundgesamtheit zu Grunde liegenden Standardabweichung $\sigma_{\bar{X}}$ nicht. Um dennoch eine Schätzung der Sicherheit der Aussage zum Mittelwert μ machen zu können, greift man auf einen ähnlichen Ansatz wie die Standardnormalverteilung zurück. William Sealey Gosset bewies 1908 unter dem Pseudonym „Student", dass Werte kleiner Stichproben einer T-Verteilung genügen. (EV07, S.322)(OR09, S.239)

Zunächst bestimmt man die Freiheitsgrade der Stichprobe mit

$$f = n - 1 \quad (3.13)$$

Unter Verwendung der entsprechenden Tabellen kann man für eine Irrtumswahrscheinlichkeit α die entsprechenden t-Quantile für die gegebenen Freiheitsgrade ermitteln. Für $vorh.Q_P$ (siehe Tabelle A.11) mit den Werten

$$vorh.Q_P = \begin{cases} k & \{222504, 225324, 225737, 229078, 230905, 230920, 243184, 248619, 349317\} \\ nk & \{231447, 233120, 233553, 236154, 237723, 300517\} \end{cases} \quad (3.14)$$

kann man mit der Formel

$$KI = \left[\bar{X} - t_{1-\frac{\alpha}{2},f} \cdot \frac{s}{\sqrt{n}}; \bar{X} + t_{1-\frac{\alpha}{2},f} \cdot \frac{s}{\sqrt{n}}\right] \quad (3.15)$$

das Konfidenzintervall für die Mittelwertschätzung für $\bar{X}$ bestimmen.

Anmerkung zu Gleichung 3.14: {k} sind die Ergebnisse aus Kernel-Programmen, {nk} sind Ergebnisse aus Nicht-Kernel-Programmen.

Hier ergibt sich mit $\bar{X} = 245207$, $s_{\bar{X}} = 34311{,}27$ und $n = 15$ für eine Irrtumswahrscheinlichkeit von $\alpha = 5\%$ folgendes Konfidenzintervall für den Mittelwert der Stichprobe:

$$KI_{vorh.Qp}\ [226206;\ 264208] \tag{3.16}$$

Entfernt man die beiden extremen Ausreißer, korrigiert sich das Konfidenzintervall mit $\overline{X} = 232944$, $s_{\overline{X}} = 7237{,}33$ und $n = 13$

$$KI_{vorh.Qp}\ [228570;\ 237317] \tag{3.17}$$

Das Ergebnis verdeutlicht Abbildung 3.5 sehr anschaulich. Für die vorliegende Stichprobe erwartet man nach der Ausreißerbereinigung einen Mittelwert, der irgendwo zwischen der oberen und unteren Grenze des Konfidenzintervalls liegt.

$$228570 \leq \mu \leq 237317 \tag{3.18}$$

Wenn man sich die Darstellung genauer anschaut, fällt gleich ein wesentliches Merkmal der Verteilung der Werte auf, welches später wieder aufgegriffen wird. Das Konfidenzintervall für die ausreißerbereinigte Stichprobe fällt in denselben Bereich in dem die Werte der Stichprobe am dichtesten liegen. Die Vermutung, dass dies grundsätzlich so ist, soll an dieser Stelle jedoch vorerst unbewiesen bleiben.

Abbildung 3.5.: Konfidenzintervall für den Mittelwert von $vorh.\,Q_P$

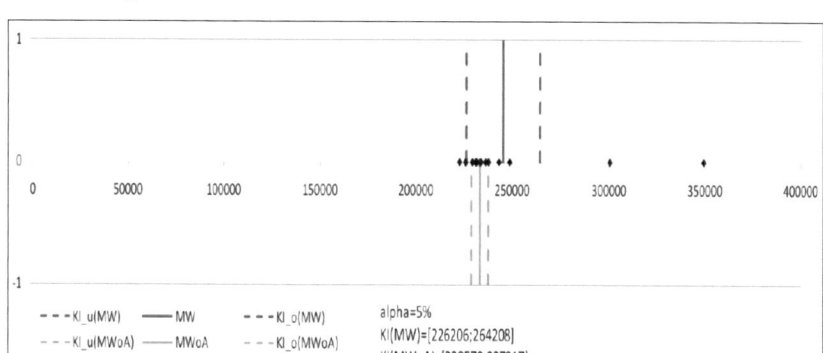

Quelle: Autor.

Zunächst wenden wir uns wesentlichen Kriterien der Stichprobe zu, die im Rahmen den Forschungsprojektes zur Sprache kamen.

3.4. Vergleich Kernel- vs. Nicht-Kernel-Programme

3.4.1. Randbedingungen

Aufgrund einer entsprechenden Vorgabe werden alle Daten in anonymisierter Form bereitgestellt. Das ist der Grund dafür, dass lediglich für den Vergleich der Verteilungen von Kernel bzw. Nicht-Kernel-Produkten eine Unterscheidung auf Verwendung des Rechenkerns stattfindet.[27]

Bei den Programmen, welche die Daten für die Stichproben lieferten, muss zwischen zwei Arten von Implementierungen unterschieden werden. Ein Teil der Implementierungen verwendet einen Rechenkern vom Fraunhofer-Institut für Bauphysik (IBP-18599).[28] Daher liegt die

---

[27] Webseite der Kernel-Entwickler für die DIN V 18599, http://www.ibp18599kernel.de/.
[28] Webseite des Fraunhofer-Instituts für Bauphysik, http://www.ibp.fraunhofer.de/.

Vermutung nahe, dass dies einen Einfluss auf die Verteilung der Ergebnisse der einzelnen Programme haben könnte. Um dies ausschließen zu können, müssen die Ergebnisse der Kernelprogramme genauso statistisch unabhängig sein, wie die der Nicht-Kernelprogramme. Dieser Nachweis ist relativ schwierig.

3.4.2. Annahmen

Es gibt zunächst einen einfachen implizierenden Test mit dem Ziel zu vergleichen, ob beide Gruppen von Programmen eine ähnliche Verteilung aufweisen. Ist dies der Fall, kann man von den Eigenschaften der einen Gruppe auf die der anderen schließen und, was wesentlich wichtiger ist, davon ausgehen, dass die einzelnen Elemente statistisch hinreichend unabhängig sind.

Für diesen Test müssen wieder einige Annahmen getroffen werden:

- Jede Implementierung, auch die mit dem IBP-18599-Rechenkern, wurde unabhängig ohne Absprache mit anderen Entwicklern umgesetzt.[29]
- Die Verwendung des Rechenkerns bedeutet nicht, dass sämtliche Berechnungen mit dem Rechenkern durchgeführt werden.[30] In beiden Kategorien (Kernel und Nicht-Kernel) gibt es Programme, die sich grob verrechnen, was die Hypothese stützt.
- Wenn der Kernel maßgebend für die Berechnungen ist, müsste sich dies nachweisbar in den Ergebnissen niederschlagen.

---

[29] Dies entspricht den Tatsachen und wurde von allen Softwarehäusern bestätigt. Alle Entwickler, die dennoch Gespräche miteinander aufgenommen hatten, brachten ein gemeinsames Produkt auf den Markt.

[30] Herr Richert von der Firma Hottgenroth Software (http://www.hottgenroth.de/) wies in einem Gespräch explizit darauf hin, dass es sich bei dem IBP-Kernel um eine Software in Entwicklung handelt. Fehler dieser Software wolle man nicht notwendigerweise übernehmen. Ähnliche Standpunkte nehmen alle Hersteller ein. Daher handelt es sich bei den meisten Kernel-Produkten um Mischprodukte.

Maßgebend bedeutet an dieser Stelle vor allem, dass Dateneingabe und Randbedingungen der Programmierung außerhalb der verwendeten Funktionalität des Rechenkernels keine Rolle spielen.

Die Tabelle A.11 stellt die Daten für die Vergleichsuntersuchung Kernel-/ Nicht-Kernel-Programme dar. Diese Untersuchungen wurden an allen Stichproben vorgenommen aber werden hier, wie schon oben, nur anhand der Stichprobe für $vorh.Q_P$ diskutiert.

3.4.3. Hilfsmittel

Um die Unterschiede der Gruppe der Kernel-Produkte gegenüber der Nicht-Kernel-Gruppe und zur Gesamtmenge der Stichprobe aufzuzeigen, werden zunächst einige einfache Lagemaße berechnet. Dazu gehört der Median $\tilde{x}$

$$\tilde{x} = \begin{cases} \frac{1}{2}\left(x_{\frac{n}{2}} + x_{\frac{n}{2}+1}\right) & n \text{ gerade}, \\ x_{\frac{n+1}{2}} & n \text{ ungerade}. \end{cases} \quad (3.19)$$

welcher den mittleren Wert einer geordneten Stichprobe liefert. Dann kann man den Arithmetischen Mittelwert $\bar{x}$ berechnen

$$\bar{x} = \frac{1}{n}\sum_{i=1}^{n} x_i \quad (3.20)$$

und zuletzt die empirische Standardabweichung der Stichprobe s_x.

$$s_x = \sqrt{\frac{1}{n-1}\sum_{i=1}^{n}(x_i - \bar{x})^2} \quad (3.21)$$

Darüber hinaus werden noch verschiedene winsorisierte bzw. gestutzte Mittel $\bar{x}_d$ zu Vergleichszwecken berechnet.

3.4.4. Vergleich

Für die Stichprobe $vorh.Q_P$ aus Tabelle A.11 ergeben sich folgende Werte:

Tabelle 3.1.: **Lagemaße** $vorh.Q_P$

Größe	Werte$_{alle}$	Werte$_{Kernel}$	Werte$_{Nicht-Kernel}$
n	15	9	6
$\tilde{x}$	233120	230905	234853,5
$\bar{x}$	245206,8	245065,33	245419
s_x	34311,27	40020,46	27085,58
$\bar{x}_{20\%}$	238944,69	245065,33	245419
$\bar{x}_{40\%}$	234009,33	233395,29	235137,5

Quelle: Autor.

Wie man in Tabelle 3.1 sehen kann, liegen die Mediane der vollständigen Probe und der beiden Teilproben im Konfidenzintervall wie in Formel 3.17 berechnet. Die Mittelwerte der gestutzten Proben liegen nach starker Beschneidung ebenfalls in diesem Intervall (siehe Abbildungen 3.6 und 3.7). Bedeutsam für diese Untersuchung ist dabei die Tatsache, dass sich beide Teilproben gleichartig verhalten.

Abbildung 3.6.: Vergleich der Verteilungen für Kernel(9)/ Nicht-kernel(6)/Alle(15) der Werte für $vorh.Q_P$

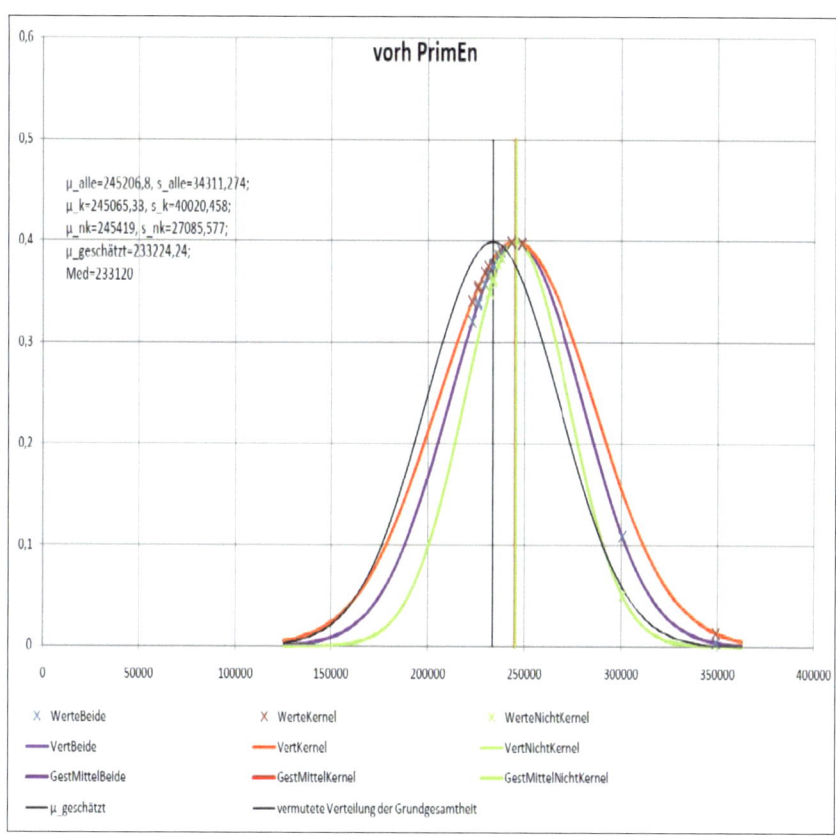

Quelle: Autor.

Abbildung 3.7.: Vergleich der Verteilungen für Kernel(5)/ Nichtkernel(3)/Alle(8) der Werte für $vorh.Q_P$, gestutzt um 40%

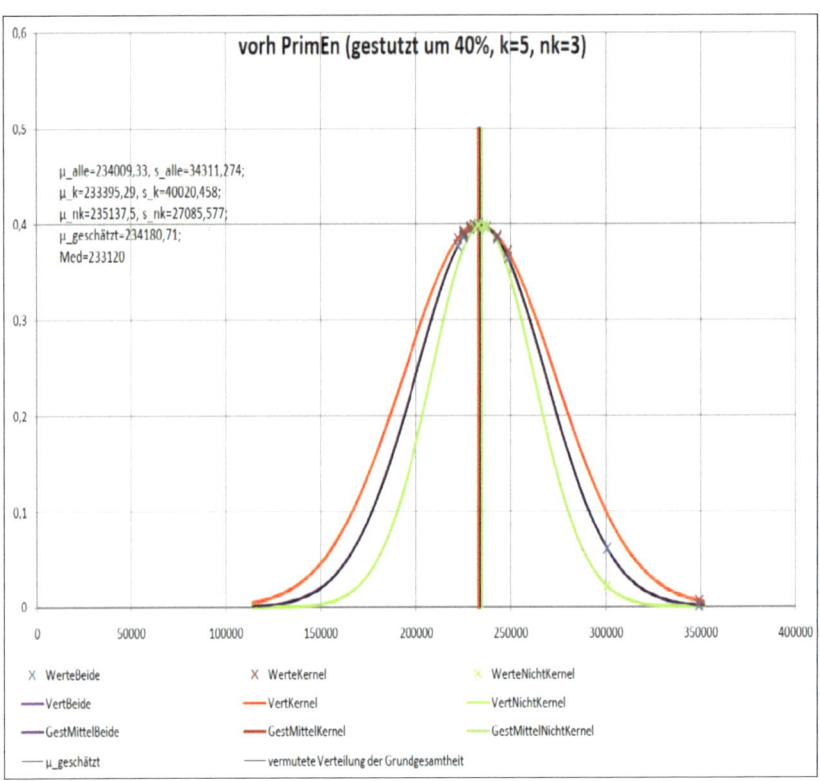

Quelle: Autor.

Dabei wird der Mittelwert μ in der Nähe der stärksten Häufung der Werte vermutet (schwarz eingezeichnete Kurve). Durch die Winsorisierung wird erreicht, dass die Werte der Verteilung, die am nächsten zusammenliegen, als letztes aus der gestutzten Stichprobe entfernt werden. Dieser Wert stimmt fast mit dem Median der Probe überein. Bei größeren Stichproben konvergieren diese für normalverteilte Größen.

Wie bereits früher beschrieben, ist es sehr schwierig, brauchbare Werte für die Varianz bzw. Standardabweichung zu ermitteln. Die Schätzung der Varianz über die χ^2-Verteilung ist hier nicht anwendbar, da sie größere Stichproben erfordert (mindestens $n > 30$) (vgl. OR09, S.242ff). Allerdings kann die Stichproben-Standardabweichung in den sogenannten Standard-Fehler umgerechnet werden (siehe Formel 3.7). Zusätzlich kann man den Schätzfehler berechnen (siehe Formel 3.29).

3.5. Ausreißereliminierung

3.5.1. Winsorisiertes Mittel

In den vorangegangenen Abschnitten wurden stillschweigend Ausreißerbehandlungen gemacht, allerdings kaum belegt. Im Rahmen des Forschungsprojektes hat der Autor eine Reihe von Ausreißereliminierungen getestet. Die Ausreißereliminierung ist besonders bei der Punktschätzung des Mittelwertes μ wichtig. Starke Ausreißer haben insbesondere bei kleinen Stichproben großen Einfluss auf die Lage des Stichproben-Mittelwertes. Dies zeigten bereits eindrucksvoll die Abbildungen 3.6 und 3.7. Im Beispiel kam das gestutzte Mittel bzw. das winsorisierte Mittel zum Einsatz. Diese Methode kann als quick-and-dirty-Ansatz betrachtet werden.

Dabei werden von sortierten Stichproben beispielsweise 10% der Werte vom Rand abgeschnitten, d.h. 5% vom oberen Rand und 5% vom unteren Rand. Auf diese Art werden auf einfache Weise mit Ausreißern kontaminierte Stichproben bereinigt (hier als $x_{20\%}$ (um 20% der Werte bereinigt) und $x_{40\%}$ (um 40% der Werte bereinigt)). Dabei geht man so vor, dass für jeden Wert die Distanz zum gegenwärtigen Stichprobenmittelwert x_i ermittelt wird und der Wert aus der Probe entfernt wird, welcher die größte Distanz zum geschätzten Mittelwert der Restmenge hat.[31]

Moderne Tabellenkalkulationsprogramme kennen diese Funktion als:

- Microsoft Excel 2007 → =GESTUTZTMITTEL(Matrix;Prozent)
- OpenOffice.org.calc → =TRIMMEAN(Data; Alpha)

Das winsorisierte Mittel lässt sich schnell und ohne besondere Voruntersuchungen einsetzen. Insbesondere wenn die Stichproben größer sind, kann man so auf einfache Weise Ausreißer an den Rändern der Verteilung beseitigen. Dennoch ist Vorsicht geboten. Bei sehr kleinen Stichproben kann es passieren, dass man die Stichprobe zu sehr beschneidet, so dass die Restmenge zu wenige Werte enthält. Wenn das berücksichtigt wird, hat man ein einfaches Verfahren, mit dem man eine Stichprobe auf den Bereich reduzieren kann, in dem die Werte am dichtesten liegen.

3.5.2. Varianten des winsorisierten Mittels

Welche Werte wählt man zum Stutzen der Stichprobe?

Hier kann man sich an den Vielfachen der Standardabweichung orientieren. Es ist bekannt, dass bei entsprechend gewählten Quantilen von 1σ, 2σ und 3σ einer symmetrischen Normalverteilung jeweils 68%, 95% bzw. 99,7% der Werte innerhalb der gesetzten Grenzen liegen. Man beachte aber dabei, dass $\sigma \neq \sigma_x$ und dass dann nur eine grobe Schätzung für die Quantile vorliegen (siehe Formel (3.7)). (OR09, S.217)

Bei den Untersuchungen im Forschungsprojekt erwies es sich als effektiv, die Standardabweichung der Stichprobe zur Festlegung der

---

[31] Vgl. http://de.wikipedia.org/wiki/Mittelwert#Winsorisiertes_oder_gestutztes_Mittel.

Quantil-Grenze heranzuziehen. Dabei wurde keine Korrektur der Standardabweichung vorgenommen, wodurch das Stutzen weniger restriktiv ausfällt.

$$s'_{\overline{x}} = \frac{s_{\overline{x}}}{\sqrt{n}} = \frac{10}{\sqrt{10}} = \sqrt{10} \rightarrow 10 > \sqrt{10} \tag{3.22}$$

Man beachte ebenfalls, dass die Korrektur umso stärker ausfallen würde, je größer die Stichprobe ist. Im vorliegenden Fall handelt es sich um kleine Stichproben mit einem Umfang von $n \leq 15$, weshalb das nicht so ins Gewicht fällt und es sinnvoll ist, nicht zu stark zu beschneiden.

Der Ansatz für die Ausreißerbereinigung nach dieser Methode sieht zunächst vor, den Mittelwert $\overline{X}$ der Probe zu berechnen und dann alle Werte außerhalb des Intervalls

$$I\left[\overline{X} - s_{\overline{X}} ; \overline{X} + s_{\overline{X}}\right] \tag{3.23}$$

abzuschneiden und dann den so winsorisierten Mittelwert $\overline{X}'$ aus den verbleibenden Werten zu berechnen.

$$\overline{X}' = \frac{1}{n} \sum_{i=\overline{X}-s_{\overline{X}}}^{\overline{X}+s_{\overline{X}}} x_i : \{x_i\} \in \left[\overline{X} - s_{\overline{X}} ; \overline{X} + s_{\overline{X}}\right] \tag{3.24}$$

Für die Stichprobe $vorh.Q_P$ errechnet sich für das Intervall mit $\overline{X} = 245206{,}8$ und $s_{\overline{X}} = 34311{,}27$

$$I\left[210895{,}53 ; 279518{,}07\right] \tag{3.25}$$

wodurch die Werte 300517 und 349317 eliminiert werden. Der winsorisierte Mittelwert $\overline{X}'$ beträgt damit 232219,15. Dieser Wert liegt ebenfalls in den zuvor berechneten Konfidenzintervall-Grenzen für μ (siehe Formel (3.17)).

Anmerkung: Streng genommen handelt es sich nicht um eine Ausreißerbereinigung, da willkürlich eine Anzahl der Punkte entfernt wird.

3.5.3. Tschebytscheffs Theorem

Sollte der obige Ansatz nicht zu brauchbaren Resultaten führen, kann sich nach Tschebyscheffs Theorem[32] richten, dass für alle Verteilungen anwendbar ist:

Für eine beliebige Zahl k die größer als 1 ist, liegen mindestens $1 - k^2$ der Daten innerhalb der Intervallgrenzen von $\mu \pm (k \times \sigma)$.

Dies hat folgende Implikationen:

- Das Theorem liefert keine Informationen über die Anzahl oder Art der Daten innerhalb des Intervalls $\mu \pm \sigma$.
- Mindestens 75% der Werte liegen innerhalb von $\mu \pm (2 \times \sigma)$.
- Mindestens 88,8% der Werte liegen innerhalb von $\mu \pm (3 \times \sigma)$.

Dies könnte verwendet werden, um die Anzahl der Werte zu bestimmen, die entfernt werden sollte, zu begrenzen.

3.5.4. Ausreißertest nach Dean und Dean-Dixon

Dieser Ausreißertest wurde für kleine geordnete Stichproben mit $n \leq 30$ entwickelt.[33] Dabei wird ein Testwert Q für ein zu prüfendes x_i mit

$$Q = \left| \frac{x_{i+1} - x_i}{x_n - x_1} \right| \qquad (3.26)$$

berechnet. Falls Q größer als der kritische Wert in der Tabelle A.9 ist, handelt es sich bei x_i um einen Ausreißer.

---

[32] P.L. Tschebyscheff, russischer Mathematiker (1821-1894), http://statistics4u.info.
[33] Ausreißertest nach Dean-Dixon, http://www.statistics4u.info/fundstat_germ/cc_outlier_tests_dixon.html.

Für die Daten der Stichprobe $vorh.Q_P$ ergeben sich folgende Werte für die Stichprobe

$$Q = \{0,108; 0,016; 0,128; 0,07; 0,001; 0,02; 0,064; 0,017; \ldots \\ \ldots 0,1; 0,06; 0,209; 0,208; 1,987; 1,869\} \quad (3.27)$$

Mit einem kritischen Wert $Q = 0,338$ für $\alpha = 0,05$ ergibt sich, dass die letzten beiden Werte als Ausreißer einzustufen sind, wodurch die Werte 300517 und 349317 eliminiert werden. Das deckt sich mit den Resultaten der winsorisierten Ausreißerermittlung.

Abbildung 3.8.:   Ausreißertest nach Dean (Testgröße Q)

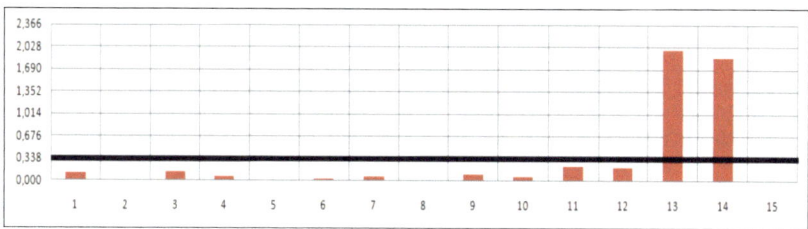

Quelle: Autor.

Der Ausreißertest nach Dean, so wie er hier gerechnet wurde, ist anfällig für Ausreißer auf nur einer Seite von $\bar{x}$. Deshalb wurden später zusätzliche Randbedingungen eingeführt. Diese spielen hier aber keine Rolle.

3.5.5. Empirischer Ausreißertest

Der nachfolgend beschriebene Ausreißertest basiert auf Beobachtungen des Autors bei der Berechnung der statistischen Ausreißer und basiert in dieser Form nicht auf Literaturangaben. Er ist relativ unkompliziert und kann dazu benutzt werden herauszufinden, wie viele Werte der Stichprobe sich in relativer Nähe zum betrachteten Messwert befinden und kann darüber hinaus als Indikator dafür dienen, eine ungefähre Lage des wahrscheinlichen Mittelwertes der Stichprobe abzuschätzen.

Zunächst definiert man sich ein stichprobenspezifisches Intervall, welches sich dafür eignet, die unmittelbare Umgebung eines Teils der Stichprobe zu betrachten. Eine geeignete Größe ist hierfür der Standardfehler der Stichprobe (siehe 3.7). Er ist kleiner als die Spanne der Stichprobe und proportional zum Quotienten aus Stichprobenstandardabweichung zur Wurzel aus der Anzahl der Elemente der Stichprobe.

Als nächstes berechnet man die Kardinalität $\aleph\{x_i\}$ für die Menge der Elemente der Stichrobe, die in das lokale Intervall von x_i fallen

$$\aleph\{x_i\} \leftarrow \left[x_i - \frac{s_T}{\sqrt{n}}; x_i + \frac{s_T}{\sqrt{n}}\right] \qquad (3.28)$$

Das Resultat kann man als Dichte-Quantil-Plot visualisieren:

Abbildung 3.9.: Lokale Dichte am Beispiel der Stichprobe für $vorh.Q_P$ **in einem Dichte-Quantil-Plot**

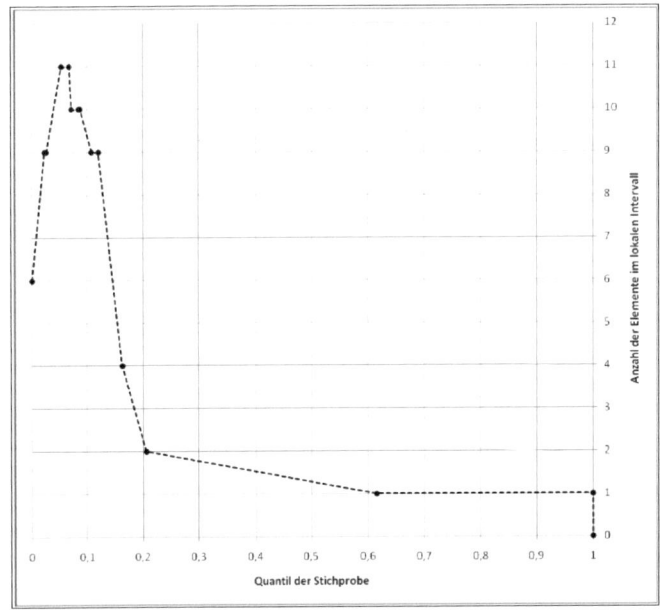

Quelle: Autor.

Die Ausreißereliminierung erfolgt nun indem man alle Werte mit niedriger Dichte entfernt, z.B. $\kappa\{x_i\} \leq 1$, sofern sie am Rand liegen. Der Schwellwert kann auch höher gesetzt werden.

Zeichnen sich mehrere Gruppen ab, kann das, bezogen auf die Daten des Softwaretests, mehrere Gründe haben. Zum einen kann die Norm einen entsprechenden Interpretationsspielraum aufweisen, so dass die Programme völlig korrekt verschiedene Rechenwege gehen oder bestimmte Fehler in frühen Phasen der Berechnung pflanzen sich signifikant fort. Es kann noch eine Reihe andere Gründe geben. Die genannten Gründe zeigen nur einige der Möglichkeiten auf.

3.6. Berechnung des Schätzfehlers und Stichprobengröße

3.6.1. Schätzfehler

Um eine etwas griffigere Vorstellung von der Genauigkeit der Mittelwertschätzung für μ zu bekommen, berechnet man den Schätzfehler E basieren auf den Eigenschaften der Stichprobe (OR09, S.247f).

$$E = z_{1-\frac{\alpha}{2}} \times \frac{\sigma}{\sqrt{n}} \quad bzw. \quad E = t_{1-\frac{\alpha}{2};[n-1]} \times \frac{s}{\sqrt{n}} \quad bzw. \quad E = z_{1-\frac{\alpha}{2}} \times \frac{s}{\sqrt{n}} \quad (3.29)$$

Da das Konfidenzintervall für μ mit der Student-Verteilung geschätzt wurde, kann der Fehler auch mit dem entsprechenden Student-Quantil berechnet werden. Für $t_{97.5\%;14} = 2{,}1448$ und $s = 34311{,}27$ und $n = 15$ ergibt sich für $\overline{X} = 245206$ ein Schätzfehler von $E = 19001$. Der Schätzfehler beträgt für μ hier etwa 7,75%. Bezieht man das auf den geschätzten Mittelwert von etwa 232000 liegt der Fehler bei knapp über 8% für $vorh.Q_P$.

3.6.2. Stichprobengröße

Die Formel 3.29 kann man umstellen und die erforderliche Stichprobengröße für eine Wunschgenauigkeit zu berechnen.

$$n = \frac{t^2_{1-\frac{\alpha}{2};[n-1]} \times s^2}{E^2} \qquad (3.30)$$

Wenn man nun den Mittelwert µ mit in einem Konfidenzintervall von $232000 \pm 3{,}7\%$, d.h. 232000 ± 8600 in einem Konfidenzintervall $KI\ [224400;\ 240600]$ schätzen möchte, benötigt man eine Stichprobe mit einem Umfang von $n = 72$ Elementen. Das ist ungefähr das Fünffache von dem, was an Daten zur Verfügung steht. Die erforderliche Sicherheit bei einer Irrtumswahrscheinlichkeit von $\alpha = 5\%$ sollte für die Bewertung möglichst hoch sein, damit der Fehler sich mit geringer Wahrscheinlichkeit auswirkt.

4. Fuzzy-Ansatz

4.1. Motivation und Zielstellung

4.1.1. Ausgangssituation und Zusammenfassen der Erkenntnisse aus der statistischen Voruntersuchung

Durch die statistische Voruntersuchung im Kapitel 3 wurde für die zu untersuchenden Stichproben die Vermutung untermauert, dass den zu untersuchenden Daten eine normalverteilte Grundgesamtheit zu Grunde liegt. Darüber hinaus wurde mit den Mitteln der Statistik versucht, so genau wie möglich zu bestimmen, wo der Mittelwert der Grundgesamtheit μ liegt.

Für die Stichprobe des Parameters $vorh.Q_P$ wurde stellvertretend für alle Messgrößen eine Reihe von Untersuchungen durchgeführt, um aufzuzeigen, wie dabei vorgegangen wurde.

Es wurden die folgenden Erkenntnisse zusammengetragen:[34]

- Die meisten Werte der Stichprobe häufen sich um einen Wert, und die Dichte der Werte nimmt zum Rand des Wertebereichs hin ab.
- Der Median $\tilde{x}$ der geordneten Stichprobe beträgt 233120.
- Der Mittelwert $\bar{x}$ der Stichprobe liegt bei 245206 mit einem Konfidenz-Intervall $KI[210895,53; 279518,07]$ für die Mittelwert der Grundgesamtheit μ (siehe Abbildung 3.5)
- Nach einer Ausreißerbehandlung kann man den winsorisierten Mittelwert $\bar{x}_{40\%}$ mit 234009 angeben.

---

[34] Diese Untersuchungen wurden für das Forschungsprojekt mit allen Werten durchgeführt. Die zu diesem Zweck erstellten Softwarewerkzeuge werden in Kapitel 7 näher beschrieben.

- Nach einer Ausreißerbehandlung mit dem einfachen Verfahren von Dean-Dixon, wodurch die zwei extremen Ausreißer eliminiert werden, errechnet man einen Mittelwert x_{DD} von 232219 mit einem Konfidenz-Intervall $KI'_{vorh.Q_P}[228570;\ 237317]$ für den Mittelwert μ der Grundgesamtheit.
- Zusätzlich konnte die Standardabweichung $s_{\bar{x}}$ der Stichprobe berechnet werden. Über die Relation 3.7 ist es möglich, die Standardabweichung der zugrunde liegenden Grundgesamtheit in Form des Standardfehlers der Stichprobe zu schätzen. Diese Untersuchungen wurden für das Forschungsprojekt mit allen Werten durchgeführt. Die zu diesem Zweck erstellten Softwarewerkzeuge werden in Kapitel 7 näher beschrieben.

  Allerdings ist die Stichprobe mit $n = 15$ relativ klein, wodurch kaum gesicherte Rückschlüsse auf die Standardabweichung der Grundgesamtheit möglich sind.
- Eine Schätzung der notwendigen Stichprobengröße ergab eine Mindestgröße von etwa 72 Elementen für einen Schätzfehler von $E \leq 3{,}7\%$.[35] Der Vollständigkeit halber muss an dieser Stelle ergänzt werden, dass die Werte der Stichproben mitunter weniger streuen und sogar Modalwerte bestimmbar sind. In solchen Fällen kommt man mit weniger Werten aus. Es kommt vereinzelt vor, dass die Werte noch stärker streuen.

Durch die statistische Voruntersuchung ist klar, dass die Schätzungen für μ mit statistischen Mitteln zu ungenau sind, um für die Wertung hinreichend zu sein.

---

[35] Diese Schätzung basiert auf Werten der Stichprobe für $\mathbf{vorh.\,Q_P}$ aus Variante 1 des Testszenarios.

4.1.2. Notwendige Randbedingungen

Damit die Ungenauigkeit des Schätzwertes für μ die Bewertung der Programme im Forschungsprojekt nicht verfälscht, wurde oben der Schätzfehler mit maximal $E = \pm 3{,}7\%$ gefordert. Dies entspricht etwa $\mu = 232000 \pm 8600$. Diese Forderung leitet sich daraus ab, dass für die Bewertung der Rechengenauigkeit keine zulässige Streuung (in Form der Standardabweichung σ der Grundgesamtheit) ermittelt werden konnte. Aus diesem Grund wurde zur Bewertung der Rechengenauigkeit auf die Position innerhalb von Genauigkeitskorridoren um den Punktschätzer $E(X)$ für die Messgröße zurückgegriffen (siehe Abschnitt 2.4.4).

Die Bewertung erfolgt durch die Platzierung in Korridoren, die 5% bzw. 10% um den Erwartungswert $E(X)$ liegen (siehe Abschnitt 2.4.4). Als Vereinbarung gilt hierbei, dass ein Programm durch einen fehlerhaften Schätzwert maximal einen Punkt je Parameter in der Hälfte aller Fälle verlieren darf (siehe Abschnitt 4.1.1).

Diese Randbedingung muss der Schätzer erfüllen, der in diesem Abschnitt entwickelt wird, da er sonst verworfen werden muss. Wenn sich die weiteren Untersuchungen auf statistische Berechnungen stützen sollen, muss dringend die Datenbasis vergrößert werden, so dass sich sämtliche Aussagen mit einer hinreichenden Sicherheit durchführen lassen, so wie dies weiter oben diskutiert worden ist.

4.2. Ansatz

Aus den Ausführungen in Unterabschnitt 4.1.1 folgt, dass das wesentliche Kriterium, für die erfolgreiche Bewertung der Rechengenauigkeit der Programme anhand der Ergebnisse und Zwischenergebnisse, die Qualität der Bezugsgröße für den jeweiligen Messwert ist. Wie auch bereits bei der statistischen Untersuchung wird das Verfahren anhand der Stichprobe für $vorh.Q_P$ aus Variante 1 der Ergebnisse erklärt und wurde für alle Messgrößen angewandt und entsprechend getestet.

4.2.1. Funktionsweise eines Fuzzy-Ansatzes (Grundlagen-Exkurs)

Für die Punktschätzung des Mittelwerts μ der den Stichproben zu Grunde liegenden Grundgesamtheit ist bei allen Untersuchungen immer das zugehörige Konfidenzintervall KI angegeben worden (siehe Formel 3.15). Auf Grund der Unsicherheit der exakten Lage des wahren Wertes für μ lässt sich sagen, dass die Lage des Mittelwertes der Grundgesamtheit zu einer Stichprobe nur vage bekannt ist. Vage Informationen sind prädestiniert für eine Verarbeitung mit Fuzzy-Algorithmen.

Der Hintergrund bei der Fuzzy-Logik ist, dass es nicht immer möglich ist, ein Merkmal genau einer Klasse zuzuordnen. Ein Beispiel hierfür ist die Angabe, ob ein Mensch groß oder klein ist. Menschen mit einer Körpergröße von 1,5 m kann man zwar als klein bezeichnen und Menschen mit einer Körpergröße von 1,8 m als groß, aber im Übergangsbereich fällt diese Zuordnung nicht ganz so eindeutig aus. Es stellt sich in diesem Beispiel die Frage, ob ein Mensch mit einer Körpergröße von 1,63 m eher groß oder eher klein ist. Mit Hilfe der Fuzzy-Logik kann man für den Übergangsbereich Zuordnungsfunktionen definieren, so dass es möglich ist, eine Aussage darüber zu treffen, ob ein Mensch dann eher groß oder eher klein ist.

Abbildung 4.1.: Einfaches Beispiel Fuzzy/Zuordnung Körpergröße

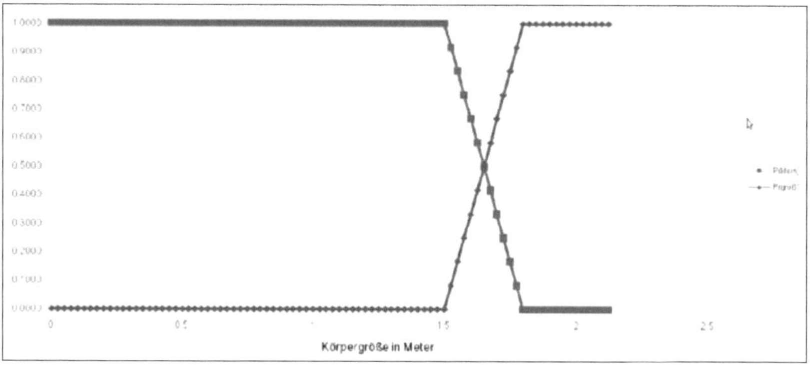

Quelle: Autor.

Man kann für die Aussagen zur Körpergröße für jede Klassenzuordnung Wahrscheinlichkeitsfunktionen formulieren. Für das Beispiel in Abbildung 4.1 ergibt sich für die Zuordnung „groß":

$$P_{gross}(x) = \begin{cases} 0 & x < 1.5m \\ \frac{4}{3}x - 5 & 1.5m \leq x \leq 1.8m \\ 1 & x > 1.8m \end{cases} \quad (4.1)$$

und analog dazu die Zuordnung für „klein":

$$P_{klein}(x) = \begin{cases} 0 & x < 1.5m \\ -\frac{4}{3}x + 6 & 1.5m \leq x \leq 1.8m \\ 1 & x > 1.8m \end{cases} \quad (4.2)$$

Für die Größe 1,63 m kann man unter Verwendung der beiden Zuordnungsfunktionen die Wahrscheinlichkeiten für die Zugehörigkeit zu den Klassen „groß" und „klein" ausrechnen.

Mit den Formeln 4.1 auf der vorherigen Seite und 4.2 ergibt sich für $P_{gross}(1,63) = 0,43$ und für $P_{klein}(1,63) = 0,56$. Umgangssprachlich würde man jetzt sagen, dass der Mensch mit der Körpergröße 1,63 m eher klein als groß ist, da $P_{gross}(1,63) < P_{klein}(1,63)$ ist, woraus sich eine Zuordnung zur Klasse „klein" begründen lässt.

4.2.2. Übertragen der vagen Zuordnung auf das Erwartungswertproblem

Bei der Betrachtung der geordneten Verteilungen der Werte der Stichproben stellt man fest, dass ein großer Teil der Werte sich jeweils in einem bestimmten Bereich häuft (siehe Abbildung 4.2 oder auch Abbildung 2.4).

Abbildung 4.2.: Geordnete Stichprobe $vorh.Q_P$ aus Variante 1

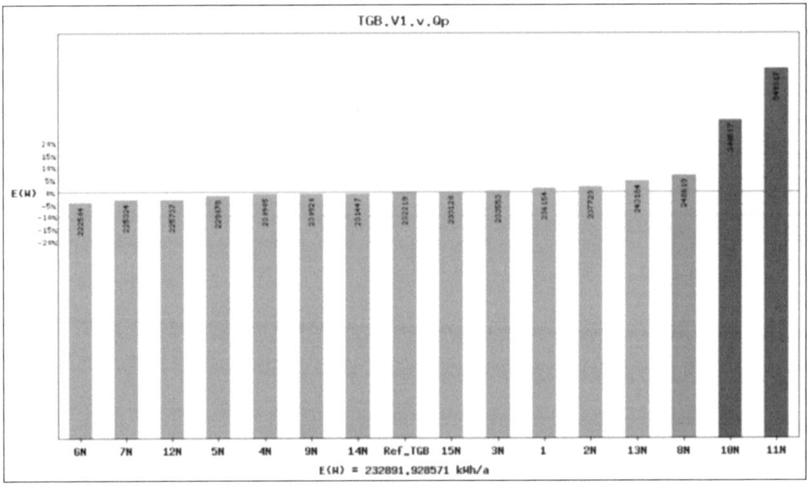

Quelle: (IAI09).

Dies ist, wie in Kapitel 3 festgestellt wurde, ein Charakteristikum einer normalverteilten Messgröße und kann mit einem Q-Q-Plot graphisch und rechnerisch belegt werden (siehe Anschnitt 3.2.2). Dabei ist die Wahrscheinlichkeit für die Lage eines Datenpunktes, also dass ein zufällig ausgewählter Wert aus einer entsprechenden normalverteilten Grundgesamtheit in der Nähe des Mittelwertes μ liegt, höher, als dass er entfernter liegt. Diese Charakteristik soll nachfolgend das zu untersuchende Leitmerkmal sein.

Für einen einfachen Verteilungstest wurde die Spanne der Stichprobe in drei Klassen eingeteilt und die absolute Klassenhäufigkeit erhoben. Die Klassenzahl k orientierte sich dabei grob an der Faustregel: (OR09, S.55)

$$k = \begin{cases} \sqrt{n} & n < 1000 \\ 10 \cdot \ln n & n \geq 1000 \end{cases} \qquad (4.3)$$

Die Anzahl der Werte n in den Stichproben liegt über alle Stichproben im Bereich:

$$7 \leq n \leq 15 \qquad (4.4)$$

Deshalb sollte die Klassenzahl sich daran orientieren

$$\sqrt{7} \leq k \leq \sqrt{15} \qquad (4.5)$$

$$2.645 \leq k \leq 3.875 \qquad (4.6)$$

Als einzige sinnvolle Klassenzahl ließ sich daher nur $k = 3$ wählen.

Für $vorh.Q_P$ stellt sich die Verteilung nun wie folgt dar:

Aus der allgemeinen Formel

$$f(x) = \begin{cases} 0 & x < x_0 \\ n_i & x_{i-1} \leq x < x_i \quad (i = 1, \ldots, k) \\ 0 & x > x_k \end{cases} \qquad (4.7)$$

ergibt sich für $vorh.Q_P$ mit $k = 3$:

$$f_{k=3}(x) = \begin{cases} 0 & x < x_0 \\ n_1 = 13 & x_0 \leq x < x_1 \\ n_2 = 1 & x_1 \leq x < x_2 \\ n_3 = 1 & x_2 \leq x < x_3 \\ 0 & x > x_k \end{cases} \qquad (4.8)$$

Dieser Test wurde mit allen Stichproben durchgeführt. Dabei stellte sich heraus, dass eine größere Menge von Werten in einem ausgewählten Teilbereich liegt, der durch die Spanne der Stichprobe abgedeckt wird. Daraus ergibt sich das Diagramm in Abbildung 2.4.

Um dies weiter zu untersuchen, wurde nun die Klassenzahl über die Spanne der Werte der betrachteten Stichprobe von $k = 1$ an sukzessiv erhöht. Dabei zeigt sich, dass das Intervall mit den meisten Datenpunkten immer ungefähr im selben Bereich liegt. Legt man nun eine Gerade derart senkrecht über alle Instanzen, dass sie jeweils durch die Klasse mit den meisten Werten verläuft, ergibt sich ein relativ eng begrenzter Bereich für die Lage des Ortes höchster Dichte bezüglich dieser Stichprobe (siehe Abbildung 4.3, die schwarze Linie markiert den Bereich höchster Dichte).

Abbildung 4.3.: Sukzessive Klassenzahl-Erhöhung und Bestimmung der Anzahl der Werte in der jeweiligen Klasse

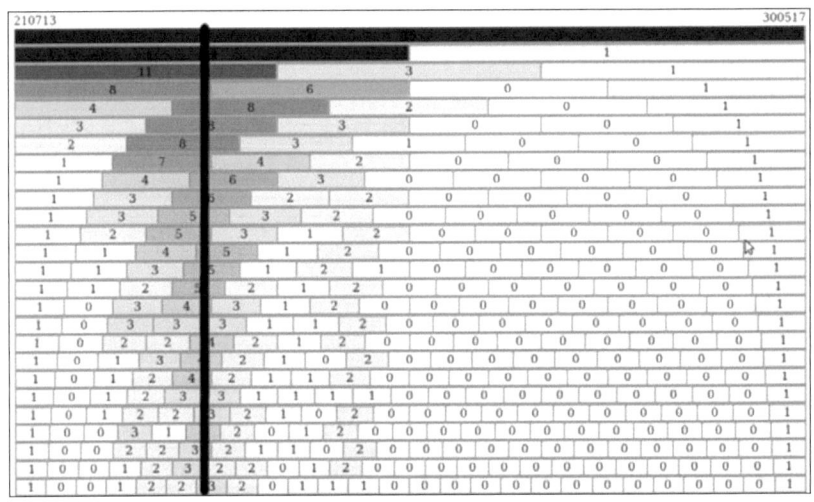

Quelle: Autor.

Wenn man auf diese Weise die Klassenzahl k von 1 bis zu einer beliebigen Zahl erhöht, lässt sich durch Überlagern der jeweiligen Ergebnisse, ohne zu rechnen, ungefähr zuordnen, wo der Mittelwert der

Stichprobe liegen müsste. Der so grob schätzbare Wert liegt im Bereich des in Kapitel 3 bestimmten Konfidenzintervalls (Gleichung 3.17) des jeweiligen Parameters.

$$KI_{vorh,Q_P} [228570; 237317] \tag{4.9}$$

Die ungefähre Lage des Intervalls 26. Intervalls (in Abbildung 4.3) kann beispielsweise wie folgt bestimmt werden.

$$\Delta I_{26} = \frac{300517 - 210713}{26} = \frac{89804}{26} = 3454 \tag{4.10}$$

$$I_{k,i} = I_{26,7} = [I_u + (i-1) \cdot \Delta I_{26}; I_u + i \cdot \Delta I_{26}] \tag{4.11}$$

$$= [210713 \cdot 6 \cdot 3454; 210713 \cdot 7 \cdot 3454] \tag{4.12}$$

$$= [231437; 234891] \tag{4.13}$$

$$I_{26,7} \subset KI_{vorh,Q_P} \tag{4.14}$$

Wie man sieht (Formel 4.14), liegt das gerade betrachtete Intervall bei ausreichend hoher Iterationsstufe (d.h. wenn $\Delta I_i \to 0$) als Teilmenge innerhalb des vorgegebenen Konfidenzintervalls.

Nun gilt es die Lage der Gruppe so zu beschreiben, dass sich dies für eine Schätzung des Mittelwertes verwenden lässt. Jedes Intervall jedes Iterationsschrittes lässt durch einen Wert beschreiben. An dieser Stelle wird der oben beschriebene Fuzzy-Ansatz aufgegriffen.

Hat man ein Intervall von 100 bis 200, wird es durch den Wert (200+100)/2=150 lokalisiert.

Abbildung 4.4.: Klassenzuordnung über Zugehörigkeitsfunktionen

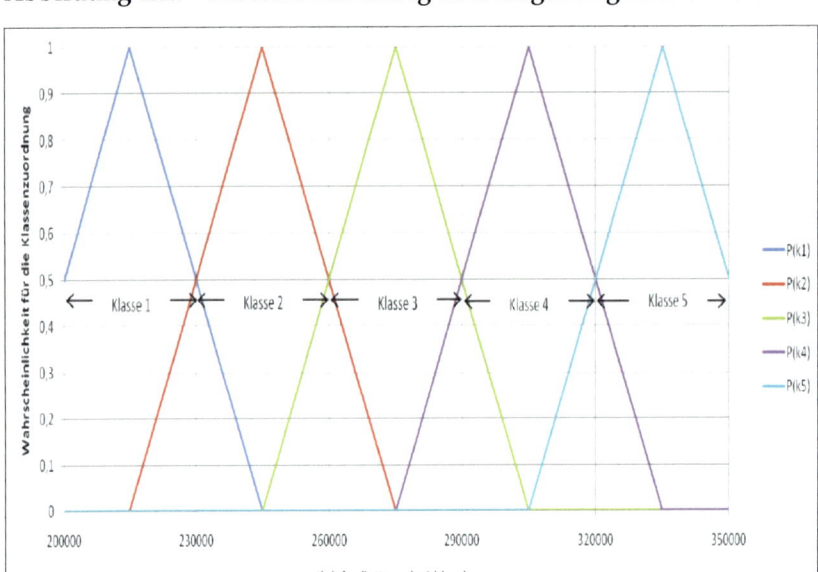

Quelle: Autor.

Die Zuordnung zur jeweiligen Klasse erfolgt anhand der wahrscheinlichsten Zuordnung über ein Schema wie in Abbildung 4.4 (vgl. LC08, S. 109).

Durch die Iteration über k entsteht eine Folge von Intervall-Mittenwerten, die um den geschätzten Schwerpunkt der Stichprobe und damit den wahrscheinlichen Mittelwert schwingt (siehe Schema in Abbildung 4.5)

Abbildung 4.5.: Iterationsschema anhand von $vorh.Q_P$ mit $n = 100$ Iterationsschritten

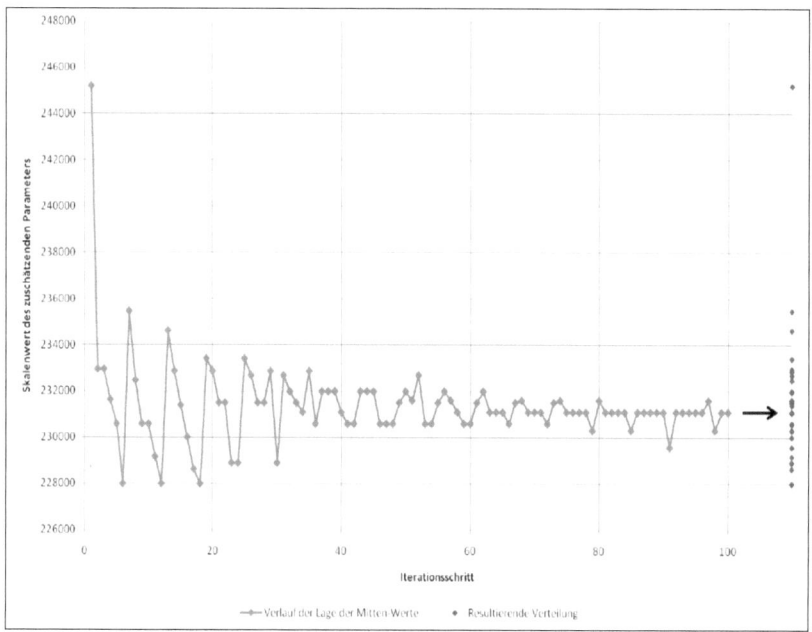

Quelle: Autor.

Diese Folge von Mittenwerten ist aufgrund der variablen Breite und der pseudo-randomisierten Lage gegenüber dem Ort höchster Dichte der Stichprobe in etwa normalverteilt. Ein Q-Q-Plot für k = 1 . . . 30 Klassen bestätigt diese Vermutung:

Abbildung 4.6.: Q-Q-Plot der Schätzwerte für $vorh.Q_P$

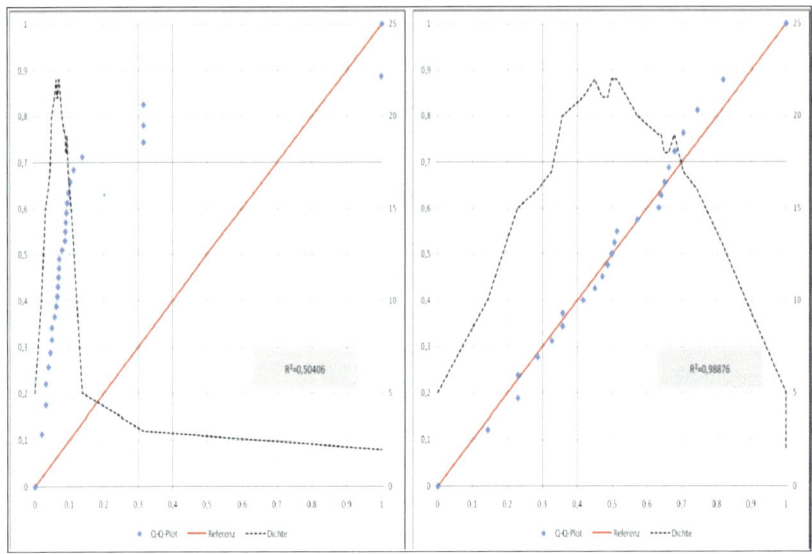

(a) mit Einschwingphase, k=30, n=30

(b) ohne Einschwingphase, k=30, n=25, Werte mit einer lokalen Dichte <4 wurden entfernt

Quelle: Autor.

Da ab einer Klassenzahl $k > 30$ der ermittelte Mittenwert nur noch zwischen einigen wenigen Werten innerhalb einer sehr kleinen Spanne springt, wurde die Schätzung nur für die ersten 30 Werte durchgeführt. Danach ist stellen sich Trends ein, die von wenigen eng beieinander liegenden Werten dominiert werden. Dies sorgt dann für eine Scheingenauigkeit, die ihrerseits zu einem Mittelwert führt, der eine sichtbar falsche Lage hat.

4.2.3. Definition eines Abbruchkriteriums für die Iteration

Für eine Iteration muss ein Abbruchkriterium definiert werden, damit der Algorithmus bei einer sinnvollen Genauigkeit beendet wird. Kern des Algorithmus ist die Fuzzyfizierung der Dichte der Werte der

Stichprobe, deshalb sollten die Zuordnungsintervalle nicht so klein werden, dass maximal nur noch ein Wert in jedem Klassen-Intervall liegt (vgl. LC08, S.109).

Für eine möglichst gute Schätzung des Mittelwertes muss also eine gewisse Unschärfe beibehalten werden. Für die Auswahl des jeweiligen Mittenwertes orientiert sich der Ansatz an der absoluten Häufigkeit je Intervall, und es wird konsequent dasjenige ausgewählt, welches die größte Anzahl von Werten enthält. Da die Wertefolge, welche den Mittelwertschätzer produziert, wieder normalverteilt ist und nach einer Bereinigung um die Ausreißer am Anfang der Folge innerhalb eines sehr kleinen Intervalls liegt, kann man sich auf eine begrenzte Anzahl von Werten für die Berechnung des Mittelwertes stützen und die daraus resultierenden Sicherheit dieses Wertes berechnen. Die Sicherheit des so geschätzten Mittelwertes bezieht sich auf die Sicherheit der Stichprobe der Mittenwerte. Allerdings korrespondiert die Lage mit dem Ort höchster Dichte der ursprünglichen Stichprobe.

Die Folge der Mittenwerte konvergiert innerhalb weniger Iterationsschritte gegen einen Grenzwert, welcher in etwa der Lage des Mittelwertes entspricht. Für $vorh.Q_P$ wurde in Tabelle 4.1 der geschätzte Mittelwert und der Schätzfehler, basierend auf einer t-Verteilung (kleine Stichprobe) berechnet.

Tabelle 4.1.: Genauigkeit der Schätzung des Mittelwertes in Abhängigkeit von der Anzahl der Iterationsschritte k

k	$E(k)$	$\epsilon_{E(k)}$	relativer Fehler
30	232611	±1672	0,72%
28	232110	±1354	0,58%
26	231523	±642	0,28%
24	231549	±698	0,30%
22	231613	±760	0,33%
20	231674	±835	0,36%
18	231726	±934	0,40%
16	231851	±1044	0,45%
14	231986	±1186	0,51%
12	232113	±1398	0,60%
10	232443	±1627	0,70%
8	232878	±1926	0,83%
6	233422	±2545	1,09%
5	233864	±3011	1,29%

Quelle: Autor.

Abbildung 4.7.: Fuzzy-Genauigkeit gemäß Tabelle 4.1

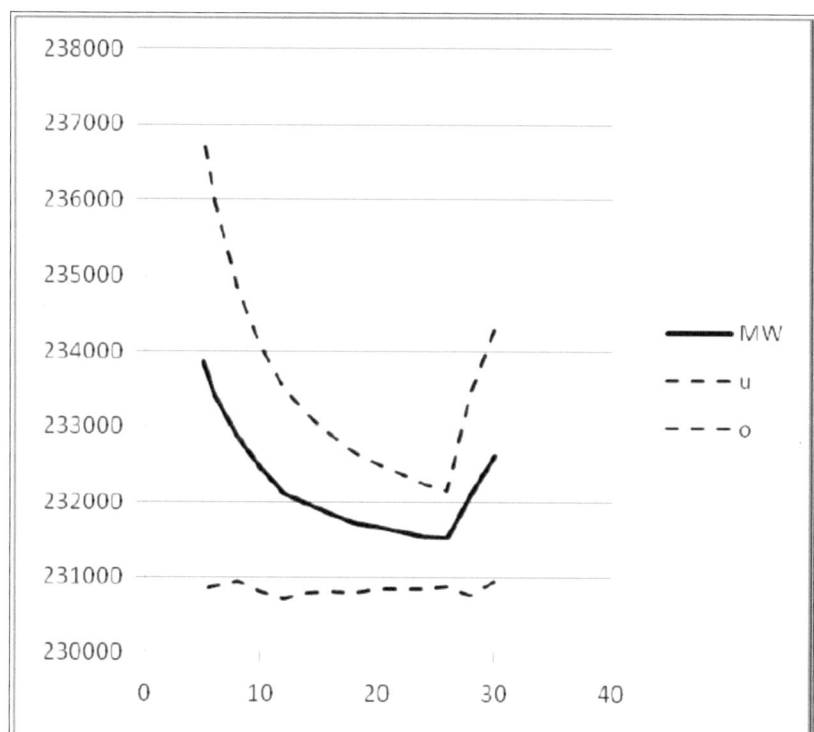

Quelle: Autor.

Visualisiert ergibt das den Graph in Abbildung 4.7. Der Graph bestätigt optisch die Annahme, dass die maximale Schätzungsgenauigkeit begrenzt ist. Für $vorh.Q_P$ ist die maximale Genauigkeit etwa bei 26 Iterationsschritten erreicht. Über den gesamten Bereich der Werte der Iteration ist der geschätzte Fehler der Fuzzy-Mittelwertschätzung deutlich geringer als bei der direkten Schätzung mittels Mittelwert über die ursprüngliche Stichprobe.

Während im Beispiel anhand von $vorh.Q_P$ eine Genauigkeit von $\epsilon(X) \approx \pm 1\%$ erreicht wurde, kann dieser Wert bei anders gearteten Verteilungen variieren. Insbesondere ein hoher Variationskoeffizient kann zu ungenaueren Schätzungen führen, da die Werte der Stichprobe eine ungünstigere Streuung haben. Dennoch steht zu erwarten, dass die Schätzung mittels des Fuzzy-Approximators immer sicherer als die direkte Schätzung ist.

4.3. *Validierung der Schätzwerte*

Der Graph in Abbildung 4.7 zeigt, dass die Anzahl der Fuzzy-Iterationen nicht groß sein muss. Für die Parameter aus Variante 1 wird dies graphisch in Abbildung 4.8 aufgezeigt.

Um die Qualität der Schätzung mit dem Fuzzy-Schätzer zu prüfen, wurden in den Graphen für die Parameter aus Variante 1 in Abbildung 4.8 jeweils rechts neben dem einschwingenden Schätzer die originalen Stichproben dargestellt (rot), so dass es möglich ist, optisch zu prüfen, ob die Schätzung in etwa mit der Charakteristik der ursprünglichen Stichprobe korrespondiert.

Neben der optischen Prüfung ist es notwendig, eine Validierung der Ergebnisse anhand von Berechnungen vorzunehmen. Für die nachfolgenden Berechnungen wurde die Anzahl der Fuzzy-Iterationen fest auf 30 beschränkt. Die Ergebnisse aus den Berechnungen werden in Tabelle 4.2 dargestellt.

Beide Schätzungen, die statistische Mittelwertschätzung und die Fuzzy-Schätzung, validieren sich gegenseitig, wenn das Konfidenzintervall der Fuzzy-Schätzung innerhalb des Konfidenzintervalls der statistischen Schätzung liegt (Formel 4.18).

$$Fuzzyintervall \subset Konfidenzintervall \quad (4.15)$$

$$EI \subset KI \quad (4.16)$$

$$EI\,[EI_u; EI_o] \subset KI\,[KI_u; KI_o] \quad (4.17)$$

$$EI\,[E(X) - \epsilon_{E(X)}; E(X) + \epsilon_{E(X)}] \subset KI\,[\overline{X} - \epsilon_{E(X)}; \overline{X} + \epsilon_{E(X)}] \quad (4.18)$$

Um sicherzustellen, dass die Berechnung des Mittelwertes zulässig ist, wurden sowohl die zu untersuchende Stichprobe, als auch die aus ihr resultierende Fuzzy-Mittenwertemenge auf Normalverteilung untersucht und das jeweilige Bestimmtheitsmaß R^2 notiert. Gegebenenfalls wurde eine Ausreißerbereinigung durchgeführt, um zu ermitteln, ob zumindest eine Kernmenge normalverteilte Charakteristiken aufweist. Ab einem Bestimmtheitsmaß von $R^2 > 0,7$ kann man von einem starken Zusammenhang reden (vgl. Stö93, S.692). Für die Entscheidung auf Normalverteilung ist auf die kritischen Werte in Tabelle A.12 zurückzugreifen.

Für Variante 1 wurde für fast alle Stichproben ein starker Bezug zur Normalverteilung nachgewiesen. Einzige Ausnahme ist A/V_e. Allerdings ist hier festzustellen, dass der Erwartungswert hier als Modalwert ermittelt werden kann. Geringe R^2 wurde ebenfalls für $vorh.H_T'$ und $zul.H_T'$ festgestellt. Auch hier kann man den Modalwert bestimmen.

Als nächstes wurde über den in Kapitel 3 beschriebenen Ansatz der t-Verteilung der Standardfehler bestimmt (siehe Formel 3.7) und daraus die Breite des Konfidenzintervalls für die Stichprobenmittelwerte X und die Mittelwerte der Fuzzy-Schätzer $E(X)$ ermittelt.

Tabelle 4.2.: Berechnungen für Durchgang 2 Variante 1, mit $\alpha = 5\%$

	$vorh.Qp$	$zul.Qp$	$vorh.H'_T$	$zul.H'_T$	A/V_e	$Z_2Q_{k,b}$	$Z_3Q_{k,b}$	$Z_4Q_{k,b}$	$Z_5Q_{k,b}$	$Z_6Q_{k,b}$
Anzahl (bereinigt)	15 (13)	14 (14)	15 (15)	14 (14)	11 (11)	13 (13)	13 (10)	13 (13)	13 (13)	13 (5)
Mittelwert $\overline{X}$	245206	295760	0,578	0,96	0,3564	6276	16154	13052	44845	15029
Standardabw $s_{\overline{X}}$	34311	37440	0,0121	0,1253	0,0262	1693	3758	2105	6505	1443
Std-Fehler $s_{\overline{X}}$	19001	21618	0,006	0,0723	0,0175	1023	2271	1272	3931	872
Q-Q-Plot $R^2_{bereinigt}$	0,94888	0,90291	0,81367	0,75675	0,59055	0,90438	0,86725	0,90059	0,94518	0,80213
Fehler%	7,75%	7,31%	1,03%	7,53%	4,91%	16,3%	14,1%	9,74%	8,77%	5,8%
Fuzzy-Appr. $E(X)$	232611	291702	0,58105	1,00665	0,37	6065	16621	13208	45624	15761
Standardabw $s_{E(X)}$	4477	6190	0,00207	0,00965	0	243	400	592	1477	216
Std-Fehler $s_{E(X)}$	1672	2311	0,0008	0,00361	0	91	150	221	552	81
Q-Q-Plot $R^2_{bereinigt}$	0,98876	0,98855	0,93911	0,91421	-	0,98774	0,98525	0,79964	0,94802	0,97368
Fehler%	0,72%	0,79%	0,14%	0,36%	-	1,50%	0,91%	1,67%	1,21%	0,52%
EI_u	230939	289391	0,58	1	0,37	5974	16471	12987	45072	15680
EI_o	237088	297892	0,58	1,02	0,37	6308	17021	13800	47101	15977
KI_u	226205	274142	0,57	0,89	0,34	5253	13883	11780	40914	14157
KI_o	264207	317378	0,58	1,03	0,37	7299	18425	14324	48776	15901
$EI \subseteq KI$	wahr	wahr	wahr	wahr	wahr	wahr	wahr	wahr	wahr	teilweise 74,4%

Quelle: Autor.

Die Konfidenzintervalle der Fuzzy-Schätzer liegen bis auf den Parameter $Z_6 Q_{k,b}$ innerhalb der Konfidenzintervalle der Stichprobenmittelwerte. Bei $Z_6 Q_{k,b}$ kommt es allerdings zu einer teilweisen Überlagerung, so dass etwa 75% des Fuzzy-Intervalls eine Teilmenge des Konfidenzintervalls der Mittelwertschätzung der Stichprobe ist. Da die Normalverteilung nur durch einen relativ schwachen R^2 gestützt wird ist davon auszugehen, dass die Mittelwertschätzung für $\overline{X}_{Z6 Q_{k,b}}$

mangelhaft ist. Eine visuelle Prüfung ergibt jedoch, dass der Fuzzy-Schätzer den Schwerpunkt der Stichprobe trifft, während der Mittelwert $\overline{X}$ dies nicht tut.

Während die Standard-Fehler der Stichprobenmittelwerte deutlich zu ungenau sind, um eine hinreichend genaue Bewertung anhand des Bewertungsschemas (siehe Abschnitt 2.4.4) zu erlauben, kann für die Fuzzy-Schätzer eine vergleichsweise geringe Streuung nachgewiesen werden. Diese liegt deutlich innerhalb der maximalen Grenzen von $E(X) \pm 3{,}7\%$.

4.4. Diskussion

4.4.1. Grundsätzlich problematische Aspekte

Der Fuzzy-Ansatz in dieser Arbeit beruht darauf, dass die Stichproben normalverteilt sind. Aufgrund dieser Annahme kann man das wesentliche Merkmal einer Normalverteilung, die erhöhte Dichte von Werten in der Nähe des Mittelwertes μ der Grundgesamtheit, nutzen. Dabei wird stichprobenartig mit variabler Intervallbreite und variabler Intervallposition nach Bereichen hoher Dichte gesucht.

Es wird angenommen, dass alle Werte tatsächlich normalverteilt sind und dass sich diese Normalverteilung mit ihren Charakteristiken in der Stichprobe niederschlägt. Das ist grundsätzlich eine optimistische Annahme, dies zeigt sich dadurch, dass für gute Aussagen mittels Statistik eine Ausreißerbereinigung nötig ist. Wenn es Bereiche über die Spanne der Stichprobe gibt, in denen keine Werte sind, so dass die Stichprobe aus zwei oder mehreren Untergruppen besteht, werden alle Schätzwerte in der größten Gruppe vermutet.

Dadurch wird zwar eine Ausreißerbereinigung beim Fuzzy-Ansatz unnötig, aber es kann insbesondere im Fall von zwei Gruppen mit gleichen Charakteristiken zu Fehlschätzungen kommen.

Wenn es häufige Werte gibt (Modalwerte), wirkt dies (völlig korrekt) wie ein Magnet auf die Vermutung des Ortes mit der höchsten Dichte. Grundsätzlich kann der Algorithmus dies kompensieren, wenn dies nicht zu oft in der Stichprobe vorkommt, weil hier auch die Nähe zu anderen Werte eine Rolle spielt. Wird die Anzahl der Elemente je Intervall jedoch kleiner oder genau so groß, wie die Anzahl der mehrfach vorhandenen Werte, wird der Schätzer durch den Modalwert der Stichprobe bestimmt. Das kommt bei den Parametern von Variante 1 dreimal vor und betrifft beide $H_T^\cdot$-Werte und den Parameter A/V_e. Bei normalverteilten Stichproben mit Modalwerten, wo der richtige Wert der häufigste ist, ist dies unproblematisch.

4.4.2. Berechnung der Genauigkeit der Schätzung

Bei der Definition des Abbruchkriteriums in Abschnitt 4.2.3 wurde die maximale Iterationsschrittzahl fest mit $k = 30$ festgelegt. Das ist in etwa korrekt für $vorh.Q_P$ und der Fuzzy-Algorithmus für alle Tests dimensioniert. Es wurde keine weiteren Berechnungen für das Abbruchkriterium durch geführt, weil der Algorithmus für alle Parameter ein zufriedenstellendes Verhalten zeigte (siehe Abbildung 4.8 bzw. Tabelle 4.2). Das Abbruchkriterium müsste für das bestmögliche Ergebnis wie in Abschnitt 4.2.3 für alle Werte einzeln bestimmt werden.

Da für jeden Iterationsschritt ein Wert erfasst wird, werden einzelne falsche Werte kompensiert. Solche Werte sind allerdings auffällig in einem Q-Q-Plot und haben sehr wahrscheinlich eine geringere lokale Dichte als Werte in der Nähe des Mittelwertes μ.

Die Angabe zur Genauigkeit des Fuzzy-Schätzers bezieht sich nicht direkt auf die Genauigkeit der Schätzung des Mittelwertes der Stichprobe. Stattdessen wird die Genauigkeit des Mittelwertes aller Fuzzy-Schätzungen angegeben. Da alle Werte durch den Fuzzy-Schätzer ermittelt werden, kann man durch Superposition der Einzelschätzungen

Bereiche hoher Wahrscheinlichkeit durch hohe lokale Dichte, d.h. durch hohe Kardinalität des jeweiligen Intervalls bestimmen und so eine Validierung der Ergebnisse vornehmen. Alle Schätzungen der Iteration validieren sich gegenseitig. Durch die Überlagerung der Einzelschätzungen kann man die Schätzung auf den kleinsten gemeinsam abgedeckten Bereich der Gewinnerintervalle eindämmen.

4.4.3. Robustheit der Schätzwerte

Unter Robustheit eines Algorithmus versteht man im Allgemeinen eine geringe Anfälligkeit gegen über Störungen in den Eingabedaten. Der im Rahmen dieser Arbeit entwickelte Fuzzy-Schätzer basiert auf dem Ansatz einer unscharfen Evaluierung der Eingabedaten.

Dabei werden die Eingabedaten nur dahingehend evaluiert, dass bei der Ermittlung der Kardinalität der Klassenintervalle eine Zuordnung zu den jeweiligen Intervallen vorgenommen wird (Fuzzyfizierung (vgl. LC08, S.109)).

Während sich bei kleinen Stichproben, bei denen noch eine normalverteilung nachweisen lässt, nur Mittelwerte mit einem sehr großen Konfidenzintervall berechnen lassen, kann der Fuzzy-Schätzer noch brauchbare Ergebnisse erzielen. Über alle 47 Parameter hatten die Stichproben lediglich einen Umfang von 7 bis 15 Werten.

Das ist extrem wenig für eine normale Mittelwertschätzung. Die minimale Stichprobengröße für die Wunschgenauigkeit wurde für den Parameter $vorh.Q_P$ mit etwas über 70 Werte errechnet. Die dabei gesicherte Genauigkeit (±3,7%) kann mit dem Fuzzy-Schätzer sehr gut erreicht werden.

Es ist an dieser Stelle die Robustheit in zwei Phasen der Berechnung zu berücksichtigen. Bei der Intervallschätzung wird bei der Klasseniteration je Iterationsschritt diejenige Klasse ausgewählt, welche, aufgrund der in das zur Klasse gehörende Intervall fallenden Werte, die höchste Anzahl von Werten aufweist. Bei zu Grunde liegender Normalverteilung ist davon auszugehen, dass in der Nähe des zu schätzenden Wertes für μ die Werte am dichtesten zusammen liegen. Dies ist ab drei bis fünf Werten grob prüfbar und der Algorithmus erzielt dann schon erste gute Zuordnungen.

Bei der Bestimmung des Schätzwertes ist, insbesondere bei sehr kleinen Stichproben, das definierte Abbruchkriterium zu berücksichtigen (vergleiche Abschnitt 4.2.3), damit keine unnötigen Fehler durch zu wenige Werte in den Fuzzy-Klassen entstehen.

Der Fuzzy-Schätzer hat ein wesentliches Merkmal, das ihn grundsätzlich zu einem robusten Schätzer macht. Das Resultat für die Mittelwertschätzung basiert auf einer Menge von Einzelschätzungen, die gemittelt werden. Einzelne falsche Schätzungen kommen so nicht oder wenig zum Tragen.

Abbildung 4.8.: Fuzzy-Schätzung der Parameter (a-j) aus Variante 1

(a) $vorh.Q_P$
(b) $zul.Q_P$
(c) $vorh.H'_T$
(d) $zul.H'_T$

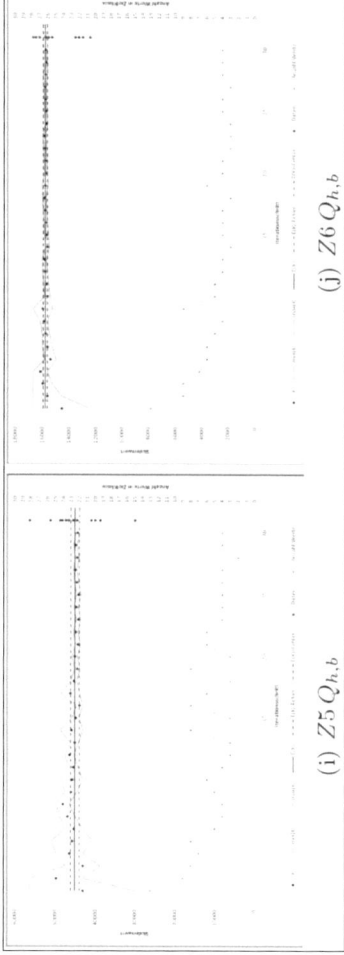

(i) $Z5\,Q_{h,b}$ (j) $Z6\,Q_{h,b}$

Quelle: Autor.

5. Fazit

5.1. Ausgangssituation

Seit 2007 ist es mit Erscheinen der Energieeinsparverordnung 2007 (EnEV 2007) in Deutschland verpflichtend Nichtwohngebäude mit einem Energieausweis auszustatten. Dieser Energieausweis wird mit den Rechenverfahren der DIN V 18599 für jedes Gebäude berechnet.

Für die Bewertung der energetischen Gesamtleistung des Gebäudes schreibt die EnEV 2007 Grenzwerte vor.

Das Rechenverfahren ist auf 800 Seiten beschrieben und um ein Vielfaches komplexer als alles was je zu diesem Thema existiert hat. Zum ersten Mal wird ein Gebäude in einem ganzheitlichen Verfahren berechnet. In Deutschland wird traditionell Softwareentwicklung für Rechenverfahren nach DIN durch private Softwareentwickler vorgenommen.

Die Komplexität des neuen Rechenverfahrens und die sehr kurzfristig entwickelten und daher zu Beginn mangelhaften Softwareprodukte verunsicherten die Nutzer. Dies führte dazu, dass das Bundesministerium für Verkehr, Bau und Stadtsanierung in Berlin (BmVBS) und das Bundesamt für Bau- und Raumordnung in Bonn (BBR) im Rahmen der Forschungsinitiative „Zukunft Bau" ein Forschungsvorhaben ausschrieben, welches das Institut für angewandte Informatik im Bauwesen e. V. in Wismar (IAIB) gewann und durchführte.

Ziel dieses Forschungsvorhabens war die Umsetzung der EnEV 2007 und der DIN V 18599 zu untersuchen und die Programme bezüglich des Umsetzungsgrades der Rechenvorschrift und der Rechengenauigkeit anhand eines Testgebäudes zu bewerten.

5.2. Ergebnisse der statistischen Voruntersuchung

Im Rahmen des Bewertungsverfahrens war es nötig, Zielwerte für die Bewertung der Rechengenauigkeit der Produkte heranzuziehen. Da es keine gab und die statistischen Mittel aufgrund der zu kleinen Stichproben keine hinreichend genauen Werte lieferten, musste eine Methode entwickelt werden, die „Zielwerte" der Berechnung bzw. Erwartungswerte zu schätzen.

Die statistische Untersuchung der Daten wurde sehr umfangreich durchgeführt. Die Daten wurden auf Normalverteilung geprüft und darüber hinaus neben Ausreißeranalyse auf eine Reihe von Lagemaßen. Daraus wurden der Standardfehler und das für jeden Mittelwert ermittelte Konfidenzintervall abgeleitet. Die Breite des Konfidenzintervalls war aufgrund der geringen Wertezahl relativ groß und für das im Forschungsvorhaben vorgesehene Bewertungsverfahren ungeeignet.

5.3. Entwicklung eines robusten Schätzverfahrens

Nachdem die statistisch ermittelten Konfidenzintervalle sehr groß ausfielen, wurde zunächst untersucht, wie groß diese sein dürfen, wenn bestimmte Bedingungen an die Korrektheit der Bewertung gestellt wurden. Damit wurde eine notwendige Randbedingung für die Validierung des zu entwickelnden Schätzers ermittelt. Die Grundlage für die Entwicklung des Schätzers ist Fuzzy-Logik. Die Entscheidung, diesen Weg zu gehen, resultierte aus den nur vage bestimmbaren Mittelwerten der Stichproben.

Durch Variation von Lage und Größe des Betrachtungsraums wurde eine Reihe von relativ ungenauen Schätzwerten ermittelt, die jeweils die Lage der höchsten Dichte in der Spanne der Stichprobe beschreiben. Die Genauigkeit der einzelnen Schätzungen variiert dabei stark. Durch Überlagerung der einzelnen Schätzungen kann man viele Bereiche als unwahrscheinlich ausschließen und so das Intervall für die vermutete Lage stark eingrenzen.

Es wurde festgestellt, dass die Einzelschätzungen normalverteilt sind. Dies kann man sich zu Nutze machen und aus diesen Werten den Mittelwert ermitteln und für diesen eine Konfidenzschätzung berechnen.

5.4. Leistung des Schätzers

Die Variabilität des Schätzers ist durch die Überlagerung der verschiedenen Einzelschätzungen stark limitiert und das Ergebnis somit sehr stabil. Auch bei weniger Schätzungen konvergiert der Schätzer sehr schnell im Bereich des vermuteten Mittelwertes der zu Grunde liegenden Grundgesamtheit.

Der Schätzer eignet sich ganz besonders für sehr kleine Stichproben und wurde für Stichproben mit 7 bis 15 Werten eingesetzt. Der Standardfehler der Schätzung liegt deutlich unter der maximalen Vorgabe. Die geforderte Genauigkeit kann er bereits nach wenigen Iterationsschritten erreichen.

Der Fuzzy-Schätzer hat eine maximale Genauigkeit. Erhöht man die Iterationsschritte über diesen Punkt, sinkt die Genauigkeit der Schätzung. Es ist daher sinnvoll, die maximal sinnvolle Anzahl der Iterationsschritte zu ermitteln.

Zur Validierung des Schätzers wurde geprüft, ob das Konfidenzintervall des Schätzers eine Teilmenge des Konfidenzintervall des Mittelwertes der Stichprobe ist. Dies ist in den meisten untersuchten Fällen zutreffend. Ausnahmen bilden Stichproben von Parametern die mangelhafte Daten aufweisen, wodurch der errechnete Mittelwert der Stichprobe deutlich verschoben ist und damit nicht korrekt erscheint. Der Schätzer kann dennoch korrekt errechnet worden sein.

Abbildung 5.1.: Vergleich der Konfidenzintervalle von Stichprobe mit Ausreißer (rot), ohne Ausreißer (grün) und Fuzzy-Schätzer (schwarz) mit steigender Genauigkeit

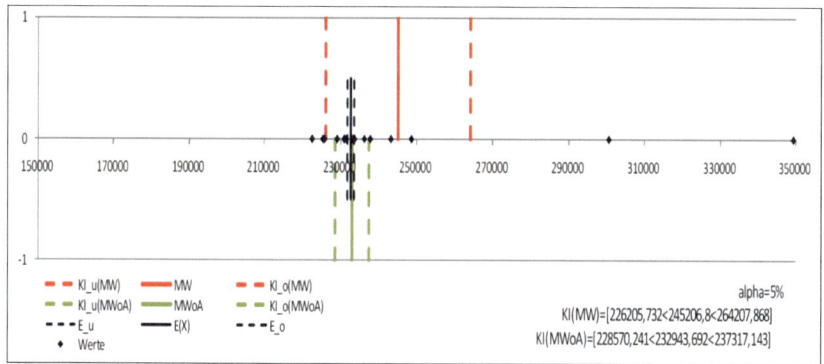

Quelle: Autor.

Bei der Validierung fielen einige Schätzer-Mengen bei der Prüfung auf Normalverteilung knapp durch. Dies geschieht immer dann, wenn es in der betrachteten Menge Modalwerte gibt, die in Stichproben zu ungewollten Trends führen. Hier ist das allerdings durchaus hilfreich, da der Schätzer einen klaren Trend ermittelt. Hier ist lediglich zu prüfen, ob es bereits in der Parameterstichprobe einen Modalwert gibt.

6. Erweiterungsansätze

Im Laufe der Bearbeitungszeit wurden mehrere Ansätze diskutiert und getestet, den Fuzzy-Schätzer zu verbessern. Eine vielversprechende Modifikation des in Kapitel 4 beschriebenen Ansatzes wurde von Prof. Cleve vorgeschlagen und besteht darin, die Klasse, die durch die höchste Anzahl von Werten ausgewählt wird, durch ihren Schwerpunkt zu beschreiben.

Das bedeutet, dass der Mittelwert der Werte der ausgewählten Klasse als Schätzwert für den jeweiligen Iterationsschritt statt des Mittenwertes verwendet wird.

Dies wurde für den Parameter $vorh.Q_P$ durchgerechnet. Abbildung 6.1 (a) stellt die Verteilung in Abhängigkeit vom Iterationsschritt (auf der linken Achse) dar. Gleichzeitig wurden die Werte in einem Normalverteilung überführt und der resultierende Mittelwert über alle Schätzungen ermittelt.

In einem Histogramm werden die Mittelwerte der einzelnen Iterationsschritte in Klassen dargestellt (Abbildung 6.1 (b)). Die Berechnung wurde, wie auch beim Fuzzy-Schätzer in Kapitel 4, bis 100 Iterationsschritten durchgeführt.

Ab ca. 70 Iterationsschritten stellt sich ein Trend ein, der vergleichbar ist mit denen, die beim Fuzzy-Schätzer dazu führten, ein Abbruchkriterium zu definieren.

Im Gegensatz zum Fuzzy-Schätzer der Arbeit ist in dieser Modifikation eine deutlich breitere Variabilität der einzelnen Messpunkte zu beobachten. Da der ursprüngliche Schätzer bereits sehr gute Ergebnisse liefert und das Histogramm einen ähnlichen Erwartungswert mit vergleichbarer Genauigkeit vermuten lässt, wurde dieser Ansatz nicht weiter verfolgt.

Abbildung 6.1.: Iteration und Auswahl des vermutlichen Erwartungswertes

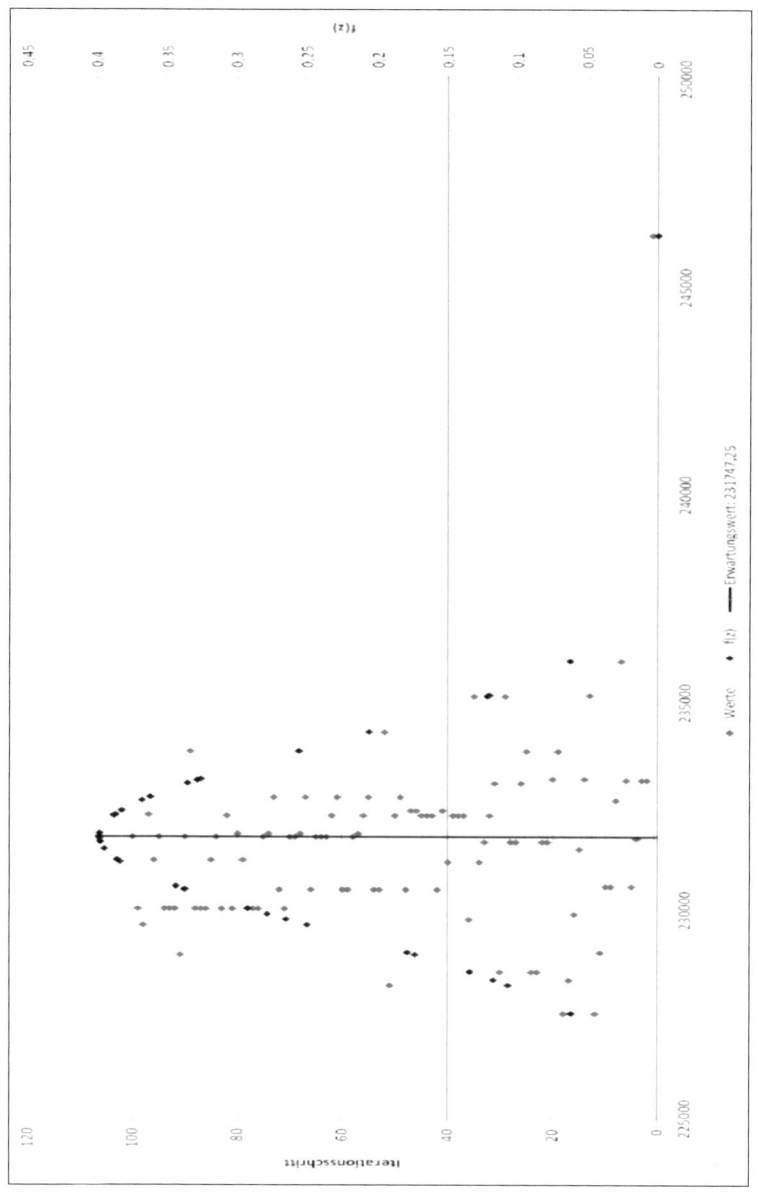

(a) Verteilung der Klassenmittelwerte der Gewinnerklassen

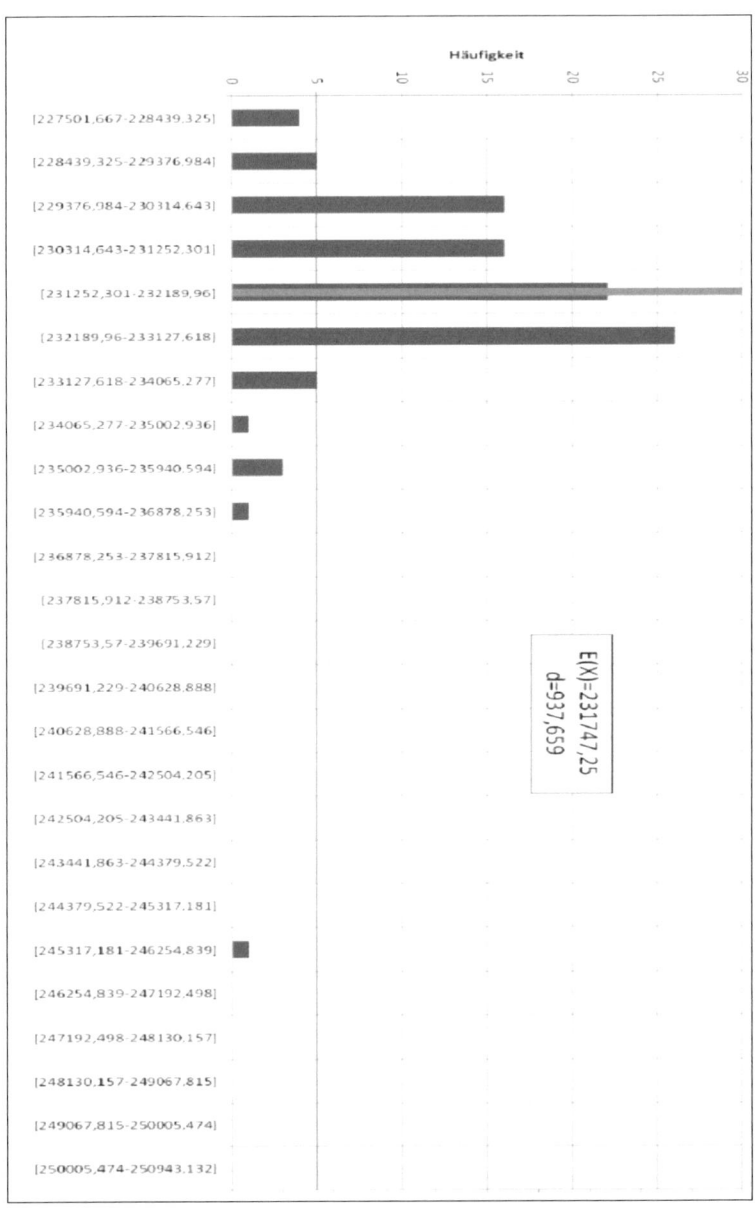

(b) Histogramm der Klassenmittelwerte der Gewinnerklassen

Quelle: Autor.

7. Testwerkzeuge

7.1. Microsoft Excel-Tools (Excel 2007)

Im Rahmen dieser Master-Thesis wurde eine Reihe von Rechenhilfen entwickelt, um die teilweise recht aufwendigen Berechnungen zu erleichtern. Diese sind zumeist so konzipiert, dass sie auch mit größeren Datenmengen als den 15 Werten der Stichproben der Arbeit umgehen können.

Die nachfolgend beschriebenen, auf Tabellen-Kalkulationsprogrammen basierenden Tools wurden für die Arbeit erstellt. Es wurde weitestgehend auf Makros verzichtet. So kann man diese Rechenwerkzeuge auch mit Excel auf Wine/Crossover unter Linux benutzen oder generell auf Rechnern mit hohen Sicherheitseinstellungen.

7.1.1. Q-Q-Plot-Tool

Ausgehen von den Daten einer kleinen Stichprobe (bis 30 Werte, aber zeilenweise erweiterbar) wird mit dieser Tabelle eine Quantil-Quantil-Darstellung berechnet. Beigefügt sind die kritischen Werte für den Korrelationskoeffizienten R, um die kritischen Werte für das Bestimmtheitsmaß R^2 abzuleiten. Dadurch kann mit relativ einfachen Mitteln optisch und rechnerisch eine Normalverteilungshypothese für eine Stichprobe geprüft werden.

Abbildung 7.1.: Q-Q-Plot-Tool

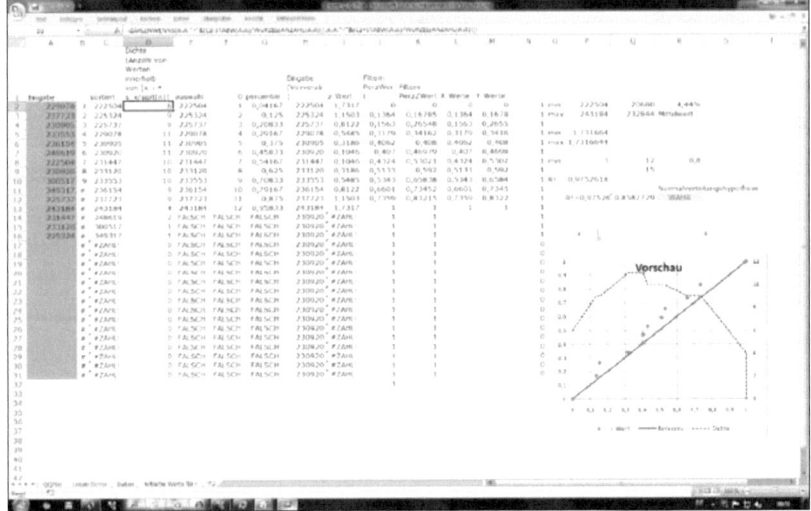

Quelle: Autor.

Ebenfalls in diesem Tool wird die lokale Dichte berechnet. Diese wird verwendet, um eine sukzessive Ausreißerbereinigung vorzunehmen.

Datei: Braetz_Q-Q-Plot.xlsx (Screenshot: Abbildung 7.1)

7.1.2. Konfidenzintervall-Berechnungstool

Diese Tabelle ermöglicht die Berechnung des Konfidenzintervalls für eine Stichprobe bis 15 Werte (kann aber problemlos zeilenweise erweitert werden). Neben einer Konfidenzintervall-Berechnung für den Mittelwert der Stichprobe wird parallel dieselbe Berechnung für die Werte innerhalb von $\overline{X} \pm s_{\overline{X}}$ vorgenommen, um die extremsten Ausreißer zu beseitigen.

Die Tabelle ermittelt den Standard-Fehler und kann darüber hinaus für beliebige Standard-Fehler die notwendige Stichprobengröße für verschiedene Irrtumswahrscheinlichkeiten berechnen $\alpha \in \{0{,}01;\, 0{,}025;\, 0{,}05;\, 0{,}1\}$.

Abbildung 7.2.: Konfidenzintervall-Tool

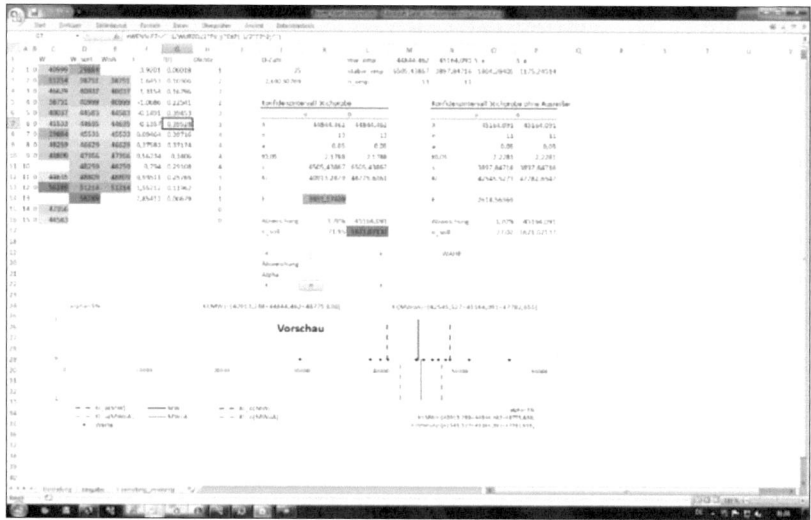

Quelle: Autor.

Grundlage für die Berechnungen sind die kritischen Werte für α für eine beidseitige Intervallbetrachtung einer Student-Verteilung. Diese sind für Stichproben von 2 bis 30 Werten hinterlegt.

Datei: Braetz_Konfidenzintervall.xlsx (Screenshot: Abbildung 7.2)

7.1.3. Fuzzy-Schätzer-Tool

Hierbei handelt es sich um die Kernkomponente der Arbeit. Die in Kapitel 4 beschriebenen Berechnungen wurden hier umgesetzt. Die Klassenzuordnungen des Fuzzy-Klassen-Iterators werden graphisch dargestellt und somit für eine optische Kontrolle aufbereitet. Zusätzlich sind eine Reihe von Diagrammen, inklusive einer 3D-Darstellung für eine bessere Visualisierung von Bestimmtheit und Schätzung sowie Intervallbreite für die Lage des Schätzwertes hinterlegt.

Diese Tabelle führt alle Kernberechnungen durch, um den Wert für den Fuzzy-Schätzer zu ermitteln und das Konfidenzintervall der Schätzung zu berechnen. Darüber hinaus ist es im Ansatz möglich, alternative Kandidaten für eine Mittelwertschätzung zu identifizieren.

Abbildung 7.3.: Fuzzy-Schätztool

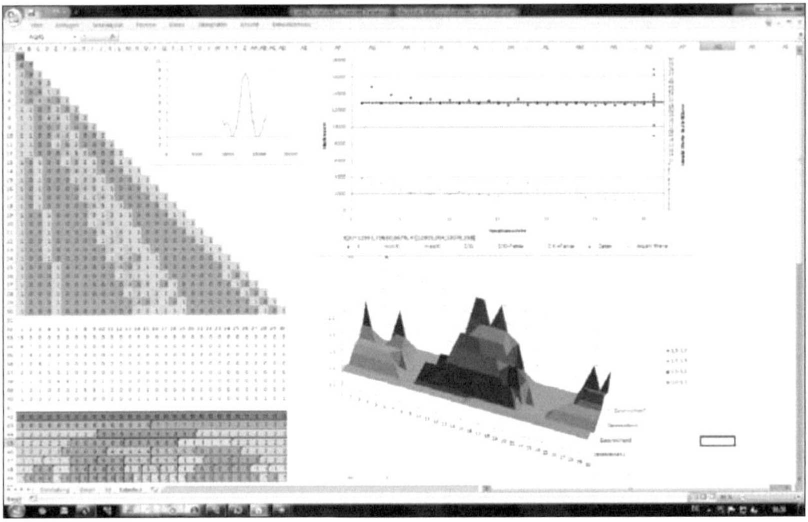

Quelle: Autor.

Datei: Braetz_Mittelwert_Schaetzen_Variation.xlsx (identisch mit Version 2 ohne eine Reihe von Randberechnungen)

Datei: Braetz_Mittelwert_Schaetzen_Variation2.xlsx (Screenshot: Abbildung 7.3)

7.1.4. Simulation Falschbewertungen

Um eine sinnvolle Grenze für die maximalen Falschbewertungen festzulegen, wurde Monte-Carlo-Simulation als Excel-Tool konzipiert. Dabei werden über den Bewertungsbereich 1000 verschiedene gleichverteilte Messpunkte dahingehend geprüft, wie sich die korrekte Punktzahl gegenüber einer simulierten Falschbewertung anteilig verhält. Es wird eine Abweichung von $-10\% \leq \bar{X} - \mu \leq 10\%$ in Schritten von 0,1% simuliert und graphisch aufbereitet.

Hinweis: Für die Ausführung müssen Makros aktiviert werden.

Abbildung 7.4.:   Monte-Carlo-Simulation Falschbewertungen

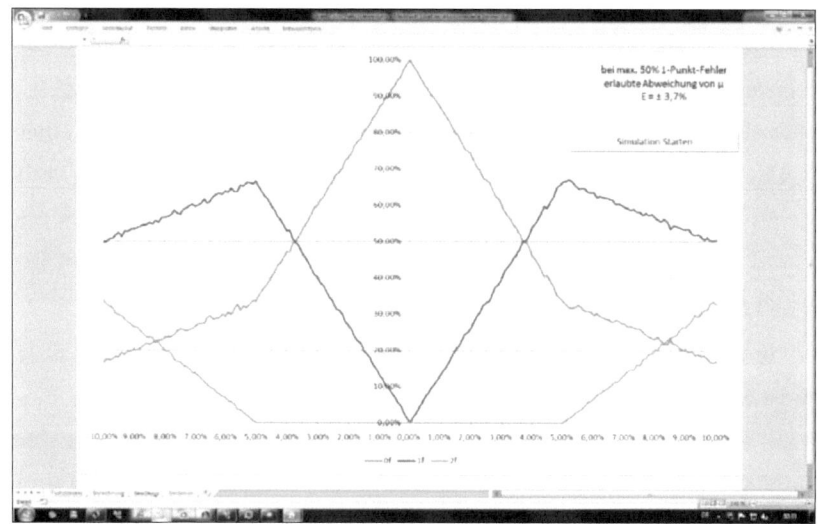

Quelle: Autor.

Datei: Braetz_Falschbewertung.xlsm (Screenshot: Abbildung 7.4)

7.2.   Webanwendung für verteiltes Testen

Das Forschungsprojekt von dem diese Master-Thesis ihre Aufgabenstellung ableitet, wurde über den gesamten Testzeitraum parallel durch mehrere Tester bearbeitet. Um die Tester mit einer zentralen Erfassung und einer gleichzeitigen Auswertungssoftware auszustatten, wurde vom Autor ein Prüftool entworfen. Die Software sollte keinen Eingriff in die Testumgebung darstellen und dennoch aus dieser heraus bedient werden können. Daher entschied sich der Autor, eine Webanwendung zu konzipieren, für deren Einsatz lediglich ein Internet-Browser und ein Internet-/Netzwerkzugang notwendig ist. Die Anwendung basiert auf demselben CMS-Framework, welches der

Autor bereits für den Kryptographiespielplatz entwickelt hatte.[36] Es übernimmt wesentliche Bestandteile der Darstellung und der Entwickler kann alle Dialoge der Anwendung in minimalistischer Programmierung gestalten, während die Link-Logik aus den XML-Modulbeschreibungen generiert wird. Die Datenhaltung findet in einer SQLite3-Datenbank statt. Dadurch kann die Webanwendung mit einem minimalistischen Webserver mit PHP5 von einem USB-Stick gestartet werden. Die Oberfläche wird immer durch einen beliebigen Internet-Browser dargestellt.

Es wurde darauf geachtet, den Nutzer mit ausreichenden aber dezenten Hilfemechanismen zu unterstützen, dazu zählen zum Beispiel zahlreiche Tooltips, welche dem Nutzer beim Zeigen mit der Maus passende Bearbeitungshinweise geben, farbliche Kodierung und Hinweise in Statusboxen.

---

[36]   Kryptographiespielplatz, http://www.kryptographiespielplatz.de/

Literaturverzeichnis

[Bun07] Bundesregierung: Verordnung über energiesparenden Wärmeschutz und energiesparende Anlagentechnik bei Gebäuden (Energieeinsparverordnung - EnEV), 6 2007.

[Den09] Zeitplan: EnEV 2002 bis heute. Dena. http://www.zukunfthaus.info/de/planer-handwerker/energieausweis/fachinformation-enev/enev-historie/zeitplan.html. 2009.

[DIN07] DIN: DIN V 18599, Energetische Bewertung von Gebäuden, Sonderdruck (Ringeinband). Beuth Verlag, 2007. – 800 S. – ISBN 978-3410165842.

[Ehr02] Ehrenberger, Wolfgang: Software-Verifikation - Verfahren für den Zuverlässigkeitsnachweis von Software. Carl Hanser Verlag, 2002. – ISBN 3-446-21624-3.

[EV07] Eichholz, Wolfgang; Vilkner, Eberhard: Taschenbuch der Wirtschaftsinformatik. 4. Fachbuchverlag Leipzig, 2007. – 392 S. – ISBN 978-3-446-41117-3.

[FWB09a] Fehlauer, Klaus; Winkler, Heiko; Brätz, Marcel: Qualitätsprüfung für Energieausweis-Software. In: EnEV aktuell (2009), 3, Nr. 1, S. 6-8. – ISSN 1865-3758.

[FWB09b] Fehlauer, Klaus; Winkler, Heiko; Brätz, Marcel: Qualitätsprüfung für Energieausweissoftware. In: Bauphysik 31 (2009), 6, Nr. 3, S. 174-185. – ISSN 0171-5445.

[HM04] Hochgräfe, Hans-Jürgen; Müller, Gerhard: Statistik: Deskriptive Statistik. Hochschule Wismar, 3 2004. – 78 S.

[IAI09] IAIB: Forschungsbericht - Qualitätsprüfung von Energieausweissoftware AZ 10.08.17.7-07.21. BmVBS & BBR, 2009 ISSN 1868-0097.

[LC08] Lämmel, Uwe; Cleve, Jügen: Künstliche Intelligenz. Hanser Verlag, 2008. – ISBN 978-3-446-41398-6.

[OR09] Oestreich, Markus; Romberg, Oliver: Keine Panik vor Statistik!. Vieweg+Teubner, 2009. – ISBN 978-3-8348-0282-8.

[Sto08] Stocker, Herbert: Einführung in die angewandte Ökonometrie WS 2008/09. 2008.

[Stö93]   Stöcker, H. (Hrsg.): Taschenbuch mathematischer Formeln und moderner Verfahren. Harry Deutsch Verlag, 1993. – ISBN 3-8171-1256-4.

[Win10]   Winkler, Heiko: Qualitätsprüfung von Energieausweissoftware, Universität Rostock, Diss., 2010, Entwurf.

Anhang

Tabelle A.1: Daten Durchgang 2, Variante 1, Quelle IA|09

Programm	A/Ve [1/m]	ZZQh,b [kWh]	Z3Qh,b [kWh]	Z4Qh,b [kWh]	Z5Qh,b [kWh]	Z6Qh,b [kWh]	v,HT [W/(m²K)]	v,Qp [kWh/a]	z,HT [W/(m²K)]	z,Qp [kWh/a]
6N	0,37	2844	10773	8853	29884	12971	0,56	222504	1	307709,38
7N	0,37	6002	16543	12600	44583	15748	0,58	225324	1	286397,13
10N	0,35	8673	20967	10158	48809	13538	0,56	300517	0,79	317022,14
8N	0,31	7603	17345	13950	45533	15704	0,58	248619	1	366049,83
2N	0,37	3256	6855	12663	51214	15268	0,58	237723	1,1	237034,89
1N	0,37	5746	14711	12706	40037	15533	0,56	236154	1	291205,14
3N	0,37	6291	15968	13148	38751	15789	0,58	233553	0,7	252906,32
5N	0,35	6612	17092	16908	40999	12417	0,6	229078	1,04	292705,47
9N		6222	16490	13184	48259	16672	0,6	230920	1	299779,42
4N	0,37	6691	17768	13565	46629	16205	0,58	230905	1	292631,52
12N	0,37	6023	16578	12470	44635	15784	0,58	225737	1	285275,26
11N							0,57	349317	1,1	368614,1
13N	0,3	8339	20354	16273	56289	13269	0,58	243184	1,01	290083,27
15N		7291	18558	13195	47356	16473	0,58	233120		
14N							0,58	231447	0,74	253221,86
RefTGB	0,37	6433	16806	12951	45124	15729	0,58	232219	1	295063

Quelle: Autor.

Tabelle A.2: Daten Durchgang 2, Variante 2, Quelle: IAI09

Programm	A/Ve [1/m]	Z2 Qh,b [kWh]	Z5 Qh,b [kWh]	v,HT [W/(m²K)]	v,Qp [kWh/a]	z,HT [W/(m²K)]	z,Qp [kWh/a]
6N	0,42	3750	48599	0,64	200064	0,92	296652,99
7N	0,42	6002	57235	0,66	158620	0,92	266524,02
10N	0,42	9661	91606	0,63	238891	0,8	363646,55
8N	0,3	7585	58143	0,65	184798	0,92	336240,17
2N	0,31	3966	67316	0,68	189347	1,13	247291,98
1N	0,42	6695	58716	0,65	167902	0,92	256587,47
3N	0,42	7454	57703	0,65	170469	0,66	229544,72
5N	0,38	6720	45191	0,61	159143	0,98	268203,67
9N		6927	61081	0,65	169193	0,92	277582,44
4N	0,42	6691	59173	0,65	165435	0,92	268447,23
12N	0,42	6023	57300	0,65	169546	0,92	266043,22
11N				0,68	291245	1,02	346176,72
13N	0,29	6381	63768	0,63	162682	0,95	262837,88
15N		7421	53307	0,59			
14N				0,75	178521	0,7	229181,81
Ref_TGB	0,42	6802,8	59745,4	0,65	173153	0,93	267270,52

Quelle: Autor.

Tabelle A.3: Daten Durchgang 2, Variante 5, Quelle: IAI09

Programm	A/Ve [1/m]	Z2 Qh,b [kWh]	Z5 Qh,b [kWh]	v,HT [W/(m²K)]	v,Qp [kWh/a]	z,HT [W/(m²K)]	z,Qp [kWh/a]
6N	0,42	3748	48611	0,64	219565	0,92	278757,45
7N	0,42	6002	57235	0,65	183553	0,92	249054,92
10N	0,42	9648	91522	0,63	194534	0,8	306289,05
8N	0,3	7603	58240	0,65	211090	0,92	319091,6
2N	0,31	3980	67324	0,68	211380	1,13	216520,72
1N	0,42	6681	58640	0,63	164198	0,92	238797,83
3N	0,42	7457	57721	0,65	159308	0,66	213369,9
5N	0,38	6700	45191	0,61	177702	0,98	250227,83
9N		6222	61081	0,64	195229	0,92	260113,34
4N	0,42	6691	59305	0,65	192740	0,92	251106,34
12N	0,42	6023	57300	0,65	166254	0,92	248413,85
11N				0,68		1,02	
13N	0,29	6381	63768	0,63	177348	0,95	245048,24
15N		7421	53307	0,59			
14N				0,75		0,7	
Ref_TGB	0,42	6916,3	59837,8	0,65	188146,5	0,93	253358,09

Quelle: Autor.

Tabelle A.4: Daten Durchgang 2, Variante 6, Quelle: IAI09

Programm	A/V e [1/m]	Z2 Qc,b [kWh]	Z2 Qh,b [kWh]	Z5 Qc,b [kWh]	Z5 Qh,b [kWh]	v_vHT [W/(m²K)]	v_vQp [kWh/a]	z_vHT [W/(m²K)]	z_vQp [kWh/a]
6N	0,37	5047	4314	36262	29766	0,56	278868	1	325300,16
7N	0,37	2671	6002	22874	44583	0,58	278034	1	296814,48
10N	0,37	3990	9022	35072	75687	0,56	384670	0,8	359058,94
8N	0,31	2112	7342	25292	45533	0,58	317591	1	367812,77
2N	0,31	5794	3256	43589	51203	0,58	682996	1,1	286236,86
1N	0,37	2353	5746	15212	44811	0,56	252863	1	310276,91
3N	0,37	5253	6291	43392	38752	0,58	322365	0,7	268505,21
5N	0,35	4412	6667	34779	40999	0,6	312926	1,04	310412,67
9N		3395	6227	22302	48259	0,62	289511	1,09	303129
4N	0,37	3504	6691	24818	46629	0,58	287158	1	304651,54
12N	0,37	2633	6023	22666	44635	0,58	284865	1	294570,75
11N						0,57	465900	1,1	554363,55
13N	0,3	1627	8339	19071	56289	0,58	318821	1,01	332393,76
15N		3292	7427	25549	47356	0,59	305999		
14N		2900	5650	23350	59545	0,58	322265	0,74	313161,72
Ref_TGB	0,37	3117,78	6441,4	23898	46031,18	0,58	298389,15	1,02	316896,62

Quelle: Autor.

Tabelle A.5: Daten Durchgang 2, Variante 7, Quelle: IA09

Programm	A/Ve [1/m]	Z2 Qh,b [kWh]	Z5 Qh,b [kWh]	v,HT [W/(m²K)]	v,Qp [kWh/a]	z,HT [W/(m²K)]	z,Qp [kWh/a]
6N	0,37	1170	6167	0,56	164544	1	348064,7
7N	0,37	4656	19149	0,58	141056	1	298577,42
10N	0,37	6562	33089	0,56	109683	0,8	410020,48
8N	0,31	5729	19792	0,58	158367	1	367331,96
2N	0,31	2679	19789	0,58	128213	1,1	240400,5
1N	0,37	4079	18721	0,56	130004	1	300180,09
3N	0,37	4446	13397	0,58	140087	0,7	248366,35
5N	0,35	4524	16046	0,6	143739	1,04	270458,3
9N		5151	21435	0,58	140760	1	308674,24
4N	0,37	4956	20390	0,58	127626	1	302275,75
12N	0,37	4674	19174	0,58	141310	1	298417,15
11N				0,57		1,1	
13N	0,3	8339	56289	0,58	137241	1,01	285595,79
15N		6608	51426	0,57	128158		
14N		5213	18721	0,58	369223	0,74	283031,52
Ref_TGB	0,37	5044,64	19955,09	0,58	138773,46	1	299289,72

Quelle: Autor.

Tabelle A.6: Daten Durchgang 2, Variante 8, Quelle: IAI09

Programm	A/Ve [1/m]	Z2 Qh,b [kWh]	Z5 Qh,b [kWh]	v,HT [W/(m²K)]	v,Qp [kWh/a]	z,HT [W/(m²K)]	z,Qp [kWh/a]
6N	0,37	2690	28846	0,56	174239	1	307709,38
7N	0,37	6002	44583	0,58	193333	1	286557,4
10N	0,37	8672	73566	0,56	33296	0,8	312624,45
8N	0,31	7603	45533	0,58	217208	1	366049,83
2N							
1N	0,37	5746	44811	0,56	184473	1	
3N	0,37	6291	38751	0,58	200407	0,7	252906,32
5N	0,35	6619	40999	0,6	318272	1,04	292472,65
9N		6927	48259	0,58	191568	1	299859,56
4N	0,37	6691	46629	0,58	183827	1	292647,54
12N	0,37	6023	44635	0,58	193076	1	286397,13
11N							
13N	0,3	8338	56289	0,58	133537	1,01	285595,79
15N							
14N							
Ref_TGB	0,37	6455	45898,33	0,58	188414,67	1	295352,05

Quelle: Autor.

Tabelle A.7: Bewertung Fragebogen Umsetzungsgrad Teil C / Alle Fragen

Programm	Score	ja	teilweise	nein	kA	data fill/rat
6N	71.62	100	10	14	14	89.86%
7N	73.93	103	7	18	10	92.75%
10N	59.09	81	12	28	17	87.68%
8N	72.86	109	2	14	13	90.58%
2N	50.61	76	3	43	16	88.41%
1N	86.55	122	1	11	4	97.1%
3N	76.62	111	3	14	10	92.75%
5N	61	93	3	25	17	87.68%
9N	76.8	116	1	8	13	90.58%
4N	83.11	116	3	14	5	96.38%
12N	74.51	104	6	19	9	93.48%
11N	27.98	39	9	63	27	80.43%
13N	54.35	82	8	25	23	83.33%
15N	35.07	57	6	43	32	76.81%
14N	58.77	84	7	32	15	89.13%

Quelle: Autor.

Tabelle A.8: Bewertung Fragebogen Umsetzungsgrad Teil C / Schlüsselfragen

Programm	Score	ja	teilweise	nein	kA	data fill/ratio
6N	75.76	79	8	9	9	91.43%
7N	82.54	84	7	9	5	95.24%
10N	65.92	68	11	13	13	87.62%
8N	76.63	86	2	8	9	91.43%
2N	56.27	63	3	28	11	89.52%
1N	94.33	99	1	4	1	99.05%
3N	81.71	89	2	8	6	94.29%
5N	74.18	84	3	7	11	89.52%
9N	84.44	94	1	3	7	93.33%
4N	90.62	95	2	6	2	98.1%
12N	83.37	85	6	10	4	96.19%
11N	33.15	34	9	42	20	80.95%
13N	67.48	72	8	13	12	88.57%
15N	48.69	55	6	27	17	83.81%
14N	63.09	69	5	20	11	89.52%

Quelle: Autor.

Tabelle A.9: Kritische Werte für Ausreißertest nach Dean-Dixon

N	a=0,001	a=0,002	a=0,005	a=0,01	a=0,02	a=0,05	a=0,1	a=0,2
3	0,999	0,998	0,994	0,988	0,976	0,941	0,886	0,782
4	0,964	0,949	0,921	0,889	0,847	0,766	0,679	0,561
5	0,895	0,869	0,824	0,782	0,729	0,643	0,559	0,452
6	0,822	0,792	0,744	0,698	0,646	0,563	0,484	0,387
7	0,763	0,731	0,681	0,636	0,587	0,507	0,433	0,344
8	0,716	0,682	0,633	0,591	0,542	0,467	0,398	0,314
9	0,675	0,644	0,596	0,555	0,508	0,436	0,37	0,291
10	0,647	0,614	0,568	0,527	0,482	0,412	0,349	0,274
15	0,544	0,515	0,473	0,438	0,398	0,338	0,284	0,22
20	0,491	0,464	0,426	0,393	0,356	0,3	0,251	0,193
25	0,455	0,43	0,395	0,364	0,329	0,277	0,23	0,176
30	0,43	0,407	0,371	0,342	0,31	0,26	0,216	0,165

Quelle: Autor.

Tabelle A.10: Vergleich winsorisierte Mittelwerte und geschätzte Erwartungswerte, Quelle Autor

V1		worh PrimEn	zul PrimEn	worh HT	zul HT	A/Ve	Z2 Qh,b	Z3 Qh,b	Z4 Qh,b	Z5 Qh,b	Z6 Qh,b
	EW	234.802,67	292.615,76	0,58	1,02	0,37	6.254,72	16.967,59	12.993,34	46.387,13	15.681,61
	MWoA	233.582,82	288.366,17	0,58	1,01	0,37	6.452,43	17.033,88	13.116,57	44.979,33	15.707,83
	Abweichung	0,5%	1,5%	0,1%	0,9%	0,6%	3,2%	0,4%	0,9%	3,0%	0,2%
V2		worh PrimEn	zul PrimEn	worh HT	zul HT	A/Ve	Z2 Qh,b	Z5 Qh,b			
	EW	171.196,51	264.826,56	0,65	0,94	0,41	6.690,64	59.195,53			
	MWoA	173.288,55	268.015,96	0,65	0,93	0,41	6.806,88	57.692,50			
	Abweichung	1,2%	1,2%	0,1%	1,8%	2,1%	1,7%	2,5%			
V3		worh PrimEn	zul PrimEn	worh HT	zul HT	A/Ve	Z2 Qh,b	Z5 Qh,b			
	EW	192.240,64	248.002,87	0,64	0,94	0,41	6.462,76	59.220,11			
	MWoA	186.851,00	253.300,85	0,65	0,93	0,41	6.717,13	57.711,60			
	Abweichung	2,8%	2,1%	0,3%	1,8%	2,1%	3,9%	2,5%			
V6		worh PrimEn	zul PrimEn	worh HT	zul HT	A/Ve	Z2 Q,b	Z5 Qh,b	Z5 Q,b		
	EW	301.646,38	306.852,06	0,58	1,01	0,37	6.117,90	2.910,47	46.286,36	23.898,13	
	MWoA	319.247,67	314.812,84	0,58	1,03	0,37	6.327,00	3.167,38	47.660,30	27.091,11	
	Abweichung	5,8%	2,6%	0,1%	1,9%	0,2%	3,4%	8,8%	3,0%	13,4%	
V7		worh PrimEn	zul PrimEn	worh HT	zul HT	A/Ve	Z2 Qh,b	Z5 Qh,b			
	EW	139.118,63	297.285,25	0,58	1,01	0,37	4.815,70	18.880,87			
	MWoA	138.407,90	296.670,98	0,58	1,01	0,37	4.799,50	20.052,90			
	Abweichung	0,5%	0,4%	0,1%	1,8%	0,4%	0,7%	12,0%			
V8		worh PrimEn	zul PrimEn	worh HT	zul HT	A/Ve	Z2 Qh,b	Z5 Qh,b			
	EW	190.380,33	290.988,77	0,58	1,01	0,37	6.292,33	45.588,73			
	MWoA	184.824,00	296.780,97	0,58	1,01	0,37	6.777,25	45.731,75			
	Abweichung	2,9%	2,0%	0,1%	0,5%	0,2%	7,7%	0,3%			

Quelle: Autor.

Tabelle A.11: Daten für den Verteilungsgleich der Kernel- und Nicht-Kernel-Programme, Quelle (Win10,IA109)

Kernel/Nicht-Kernel	vorh PrimEn	zul PrimEn	vorh HT	zul HT	A/Ve	Z2 Qh.b	Z3 Qh.b	Z4 Qh.b	Z5 Qh.b	Z6 Qh.b
k	229078	292705.472	0.6	1.04	0.35	6612	17092	16908	40999	12417
k	230905	292631.5153	0.58	1	0.37	6991	17768	13565	46629	16205
k	248619	366049.828	0.58	1	0.31	7603	17345	13950	45533	15704
k	222504	307709.376	0.56	1	0.37	2844	10773	8853	29884	12971
k	230920	299779.4235	0.6	1		6222	16490	13184	48259	16672
k	349317	368614.1	0.57	1.1						
k	225737	285275.26	0.58	1	0.37	6023	16578	12470	44635	15784
k	243184	290083.27	0.58	1.01	0.3	8339	20354	16273	56289	13269
k	225324	286397.129	0.58	1	0.37	6002	16543	12600	44583	15748
n	237723	237034.893	0.58	1.1	0.37	3256	6855	12663	51214	15268
n	233553	252906.3232	0.58	0.7	0.37	6291	15968	13148	38751	15789
n	236154	291205.139	0.56	1	0.37	5746	14711	12706	40037	15533
n	300517	317022.144	0.56	0.79	0.37	8673	20967	10158	48809	13538
n	231447	253221.86	0.58	0.74						
n	233120		0.58			7291	18558	13195	47356	16473

Quelle: Autor.

Tabelle A.12: kritische Werte für R, Achtung müssen quadriert werden für R²-Prüfung

	R für a=0,01	R für a=0,05
3	0,8687	0,8790
4	0,8234	0,8666
5	0,8240	0,8786
6	0,8351	0,8880
7	0,8474	0,8970
8	0,8590	0,9043
9	0,8689	0,9115
10	0,8765	0,9173
11	0,8838	0,9223
12	0,8918	0,9267
13	0,8974	0,9310
14	0,9029	0,9343
15	0,9080	0,9376
16	0,9121	0,9405
17	0,9160	0,9433
18	0,9196	0,9452
19	0,9230	0,9479
20	0,9256	0,9498
21	0,9285	0,9515
22	0,9308	0,9535
23	0,9334	0,9548
24	0,9356	0,9564
25	0,9370	0,9575
26	0,9393	0,9590
27	0,9413	0,9600
28	0,9428	0,9615
29	0,9441	0,9622
30	0,9462	0,9634

Quelle: Autor.